中国国际期货有限公司资助出版

农产品价格风险预警及风险管理模式研究

——以鸡蛋价格为例

于　江　著

责任编辑：张怡姮
责任校对：刘　明
责任印制：丁淮宾

图书在版编目（CIP）数据

农产品价格风险预警及风险管理模式研究——以鸡蛋价格为例（Nongchanpin Jiage Fengxian Yujing ji Fengxian Guanli Moshi Yanjiu——Yi Jidan Jiage Weili）/于江著．—北京：中国金融出版社，2016. 10
ISBN 978 -7 -5049 -8643 -6

Ⅰ．①农…　Ⅱ．①于…　Ⅲ．①鸡蛋—农产品价格—价格风险—风险管理—研究—中国　Ⅳ．①F724. 725

中国版本图书馆 CIP 数据核字（2016）第 179241 号

出版发行　中国金融出版社
社址　北京市丰台区益泽路 2 号
市场开发部　（010）63266347，63805472，63439533（传真）
网 上 书 店　http：//www. chinafph. com
　　　　　　（010）63286832，63365686（传真）
读者服务部　（010）66070833，62568380
邮编　100071
经销　新华书店
印刷　保利达印务有限公司
尺寸　169 毫米×239 毫米
印张　9. 75
字数　118 千
版次　2016 年 10 月第 1 版
印次　2016 年 10 月第 1 次印刷
定价　32. 00 元
ISBN 978 -7 -5049 -8643 -6/F. 8203
如出现印装错误本社负责调换　联系电话（010）63263947

序　　言

我和于江博士第一次见面并相识，是在2014年9月2日由中国国际期货举办的中国金融衍生品50人论坛上，当时他给我的印象是虚心好学、勤奋踏实，注重基本面研究。这次接到于江博士的盛情邀请，让我为其新书《农产品价格风险预警及风险管理模式研究——以鸡蛋价格为例》作序，我第一时间欣然应允。我个人非常推崇基本面分析，决定价格方向性运动的最本质的原因还是“供求关系”。只有打好扎实的基本面分析基础，才更有可能在期货市场上长期生存。于江博士在书中以鸡蛋价格为例，详细论述了影响鸡蛋价格最重要的因素供需关系，并对其他影响因素也作了较为翔实的探讨，我觉得这些分析框架和结论值得期货投资者参考。我做农产品交易和研究，非常注重调研，没有调研就没有发言权。通过交流，我发现于江在做他的课题和品种研究过程中，同样十分注重调研，针对本书，他先后多次对新发地批发市场、鸡蛋主产区、主销区进行调研，对蛋鸡产业链以及鸡蛋贸易模式等有了较全面的认识和掌握，这是他这本书能够做到理论联系实际的保证。

鸡蛋期货于2013年11月8日在大连商品交易所上市交易，这是我国第一个畜禽类生鲜期货品种。鸡蛋期货的上市，为鸡蛋贸易商、蛋鸡合作社及产业链相关企业进行价格风险管理提供了很好的工具。于江博士在书中详细阐述了鸡蛋期货与现货的关系、鸡蛋期货交易规则、鸡蛋期货与套期保值案例、期权在鸡蛋价格风险管理中的应用等方面内容，这对大家了解鸡蛋期货和期权的作用很有帮助。

总之，于江博士通过理论、调研、实证等多种分析方法相结合的方式，对鸡蛋产业链以及鸡蛋价格波动规律进行了详尽的理论和实证分析，同时也通过实地调研、座谈、电话会议、学术交流等活动对当前产业客户存在的问题有了更深刻的理解和把握，在此基础上构建了鸡蛋价格波动预警指标体系以及鸡蛋价格风险管理模式，研究工作较为严谨，数据真实可靠，值得业界参考。

特为序。

傅海棠

前　言

本书是笔者从事北京市朝阳区青年英才博士后项目课题研究部分成果的总结。本书通过理论、调研、实证等多种分析方法相结合的方式，对鸡蛋产业链以及鸡蛋价格波动规律进行了详尽的理论和实证分析，并在此基础上构建了鸡蛋价格波动预警指标体系以及鸡蛋价格风险管理模式。

目前，中国蛋鸡产业是我国畜牧业中仅次于养猪的第二大支柱产业，鸡蛋价格全国联动，产区价格是销区批发价格的基础。伴随蛋鸡产业化的发展，风险管理也逐渐变得越来越重要。鸡蛋价格影响因素主要有：宏观因素、供求关系、成本、禽流感疫情等。其中供求关系是影响鸡蛋价格最重要的因素。本书第 2 章对这些影响因素作了详细的分析。在第 3 章我们进一步对鸡蛋价格波动影响因子的作用机理作了实证分析，结果表明，鸡蛋的趋势、季节、周期波动等均呈现出一定的规律性特征。从趋势分解的结果来看，鸡蛋价格长期主要表现为一种趋势增长，但通过短期波动研究发现，鸡蛋价格存在周期性波动，且波动规律非常明显。同时，我们运用 EViews 6.0 对鸡蛋价格影响因素的主成分分析与因子分析，通过因子分析实现了将 16 维数据变量降至 3 维的目的。这 3 维变量分别反映了总体消费能力的人口数、国民总收入、消费支出以及成本因素、通胀因素、供给因素。这与实际情况是一致的。Granger 因果检验表明，人口增长率是鸡蛋价格的格兰杰原因。人口增长率出现趋势性下降，导致了鸡蛋价格长期趋势线出现了高位拐点迹象。

在以上各章节的分析基础上，从中长期趋势因素和中短期波动因素两个方面进行了鸡蛋价格风险预警指标体系的构建。中长期趋势因素包括的指标类型为需求因子、成本因子、通胀因子。需求因子包括的具体指标为人口数、人口增长率、国民总收入、居民消费水平；成本因子包括的具体指标为玉米、豆粕现货平均价；通胀因子包括 CPI、CPI 猪肉、猪肉价格。中短期波动因素包括通胀因子、供给因子、季节性因子、突发事件等。供给因子包括的具体指标为蛋鸡存栏量、后备鸡存栏量、育雏鸡补栏量；季节性因子主要指鸡蛋价格的季节性波动规律，即每年 8 月、9 月一般为鸡蛋价格的年内高点，每年 2 月、3 月为鸡蛋价格的相对低点；突发事件主要指禽流感等疫情。

笔者自 2010 年起一直任职于期货公司，主要从事价格风险管理相关业务，为大量产业客户提供了产业套期保值与风险管理方案，可以说，国际粮商和产业巨头无一不是运用期货和期权工具进行风险管理的典范，正是由于熟练运用了期货和期权工具，才使得这些企业能够从容应对危机和挑战，扩大了经营规模并且增强了经营的稳健性。同样，鸡蛋期货和鸡蛋场外期权在鸡蛋价格风险管理中发挥着至关重要的作用，鸡蛋期货于 2013 年 11 月 6 日上市，为相关产业链企业提供了很好的避险工具。而“期货 + 保险”的新模式开创了农产品风险管理的新篇章。“期货公司风险管理公司 + 企业 + 农户”的模式在很大程度上为企业提供了个性化服务。但对于潜在违约风险的担忧，以及沟通成本较高都限制了该模式的推广，而运用期权思想，构建“期货 + 保险”的新型风险管理模式，则可解决上述问题，有利于大范围推广和应用。

本书理论与实践相结合，不仅可以作为蛋鸡产业客户生产经营的参考，也为普通投资者进行鸡蛋等农产品期货投资提供了分析框架和思路，将这套分析体系运用到实践中，研判行情准确率较高，并获取了不错的战绩。至于在实践中如何运用，如何制定交易策略，未在本书中涉及，今后有机会我们将另文发表，敬请关注。本书错漏之处在所难免，希望能够得到读者朋友们的反馈与指正，在此表示衷心感谢！

作者

2016 年 8 月

目　录

1. 导言

1.1 研究背景及意义

全国物价水平，尤其是农产品价格是国家制定宏观调控政策重要的参考依据之一，也是老百姓最为关心的问题。随着近年来国际宏观局势的日趋复杂，加之中国对于农产品的进口量逐年增大，国际农产品的价格波动对于国内农产品价格的影响日益增强，从而也增大了国家的宏观调控难度以及相关涉农生产企业的经营管理难度。因此，建立科学有效的农产品价格预警和监控体系对于国家制定宏观调控政策，涉农企业、合作社、种粮大户等涉农主体指导和稳定生产，辅助决策都具有重要的战略意义。而北京市新发地批发市场2012年全年实现了交易量130亿公斤、交易金额440亿元人民币，交易量、交易额连续九年居全国第一，现已成为全国规模最大的农产品专业批发市场。其农产品价格已经成为首都，甚至全国农产品价格走势的“晴雨表”和“风向标”，因此，将北京市新发地批发市场作为重要的研究标的，具有重要的现实意义。

期货价格指数在国外已经成为通货膨胀的早期预警指标，对各国央行货币政策制定与调整发挥着重要的指示作用。已有的研究结果表明，代表国际大宗商品期货价格的CRB指数、国内农产品期货价格指数、CPI、中国农产品批发价格指数之间的关系密切，期货价格对CPI和农产品批发价格具有明显的引导作用，领先周期在半年左右，具有很好的预警作用。

蛋禽价格与CPI关系密切，同时又与老百姓的日常生活密切相关，而鸡蛋期货也是作为国内首个鲜活畜牧品种上市，因此，本书选择鸡蛋价格作为代表和研究对象，构建农产品价格风险预警体系。并在此基础上，利用鸡蛋期货、期权等金融衍生品工具构建鸡蛋价格风险管理体系，同时本书也对“保险+期货”农产品风险管理新模式进行了有益的探索和讨论。

本书的研究成果，不仅可以作为国家制定宏观调控政策的重要参考，也可以作为涉农企业进行风险管理、稳健经营的重要参考，而且还探索了一条利用农产品期货、期权等衍生品服务实体经济的新模式，对于促进蛋鸡养殖业产业化、规模化发展具有重要的意义。

1.2 国内外研究综述

1.2.1 蛋鸡产业发展现状

我国鸡蛋行业发展共经历了四个阶段：

第一阶段：20世纪80年代前，农户散养为主。经营模式主要是传统农户散养，大多是当地自给自足，市场需求水平低且经济技术水平也相对较低。

第二阶段：20世纪80年代至90年代中期，集中化养殖。经营模式主要是农户散养和专业化养鸡场生产模式。基本特征是集中化养殖，主要消费鲜蛋行业利润率较高。影响因素主要是短缺经济的需要，国家政策扶持。

第三阶段：20 世纪 90 年代中期至 21 世纪初，行业特征是公司化过程。经营模式是农户散养和公司 + 农户模式为主。基本特征是中小型公司纷纷倒闭，鲜蛋消费为主。影响因素是市场经济发展，农户无序竞争，70% 难以整合。

现阶段：行业特征是处于行业洗牌阶段，经营模式是大中型企业集团集约化、一体化生产基地和公司扩展。基本特征是建立了产品质量安全和防范体系以及完善的禽病防控体系，生产经营专业化、规模化蛋品，深加工比重增加，但生鲜鸡蛋仍然处于低水平竞争，品牌鸡蛋处于发展初级阶段，未来发展潜力巨大。

目前，中国蛋鸡产业是我国畜牧业中仅次于养猪的第二大支柱产业，中国也是禽蛋产量最多的国家，约占全球 40%。鸡蛋是城乡居民蛋白质摄入的重要来源。2014 年禽蛋产量为 2 894 万吨、肉类产量为 8 707 万吨、牛奶产量为 3 725 万吨，人均占有量分别为 21.2 千克、63.7 千克及 27.2 千克。

1.2.2 蛋鸡产业运行特征

（1）生产总量快速增长。

2014 年，我国禽蛋产量为 2 894 万吨，稳居世界第一位，是 1985 年的 5.41 倍，年均增长 6%。

（2）生产方式加快转变。

我国蛋鸡业正在走标准化、规模化、产业化、生态化发展之路。2013 年，全国蛋鸡存栏 2 000 只以上规模养殖比重为 68.3%，比 2007 年提高了 20.4 个百分点。饲养户减少但规模扩大，商品代鸡场正逐渐走向规模化，农村养殖量在 1 500 ~ 5 000 只的散养户在逐渐减少。10 万只以上的大鸡场逐渐增加。

（3）优势区域布局形成。

我国最主要的禽蛋产区分布在华北和东北玉米带。产地主要集中在河北、河南、山东、辽宁、江苏、四川、湖北和安徽8个省区，从2000年开始，上述8个省的年禽蛋产量都在100万吨以上，占全国的比重逐年增大。产量前三大省份为山东、河南、河北，产量分别达401万、391万、340万吨，分别占总产量的14%、14%和12%。

2013年，我国禽蛋产量排名前10位的省份禽蛋总产量为2 242万吨，占全国禽蛋总产量的78%。

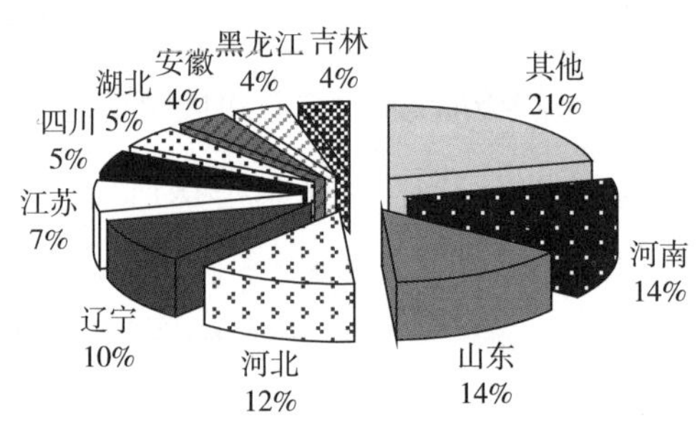

资料来源：大连商品交易所、中期研究院。

图1－1　我国禽蛋产量各省份占比

（4）蛋鸡种业加快发展。

我国蛋鸡自主育种能力明显提升，自主育种品种已占到全国市场份额的40%以上。2014年更新的祖代蛋种鸡中，65%来源于国产品种。

（5）经营模式创新加快。

蛋鸡养殖和加工企业专业化发展、全产业链发展、一体化经营的趋势日益明显，进一步拉长了产业链条，推动产业综合生产能力不断提高。

（6）鸡蛋流通具有明显的全国集散地。

集中于产区的鸡蛋批发市场和销区的农产品批发市场，如河北馆陶、辽宁沈阳周边、山东胶东地区、湖北浠水地区、江苏盐城、北京大洋路、北京新发地、广州槎头、东莞信立等。

（7）全国性大市场，各地价格联动。

鸡蛋属于全国性大市场，各地价格联动，各地价格相关性高。鸡蛋价格由北到南、从产区到销区逐渐升高。

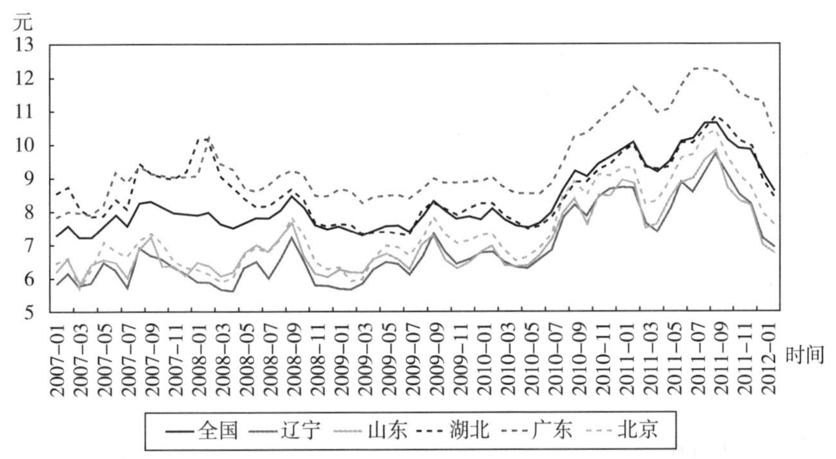

资料来源：大连商品交易所、中期研究院。

图 1-2　鸡蛋价格全国联动，销区大于产区

表 1-1　　全国鸡蛋价格相关度大

		河北	河南	辽宁	山东	湖北	江苏	广东	上海	浙江	北京
输出产区	河北	1.00									
	河南	0.99	1.00								
	辽宁	0.99	0.99	1.00							
	山东	0.99	1.00	0.98	1.00						
	湖北	0.95	0.95	0.95	0.94	1.00					
	江苏	0.99	0.99	0.98	0.99	0.96	1.00				
输入销区	广东	0.94	0.94	0.94	0.93	0.98	0.96	1.00			
	上海	0.98	0.98	0.98	0.98	0.97	0.99	0.97	1.00		
	浙江	0.94	0.94	0.94	0.93	0.99	0.96	0.99	0.98	1.00	
	北京	0.99	0.98	0.99	0.98	0.95	0.98	0.95	0.98	0.95	1.00

资料来源：大连商品交易所、中期研究院。

表1-2 全国鸡蛋价格价差关系

		辽宁	河北	河南	山东	江苏	湖北	北京	上海	广州
输出产区	辽宁	0								
	河北	0.04	0							
	河南	0.02	-0.02	0						
	山东	0.04	0.00	0.01	0					
	江苏	0.08	0.04	0.06	0.04	0				
	湖北	0.09	0.05	0.04	0.05	0.01	0			
输入销区	北京	0.15	0.11	0.07	0.11	0.07	0.09	0		
	上海	0.28	0.24	0.26	0.24	0.20	0.21	0.13	0	
	广州	0.38	0.35	0.36	0.35	0.30	0.29	0.24	0.11	0

资料来源：大连商品交易所、中期研究院。

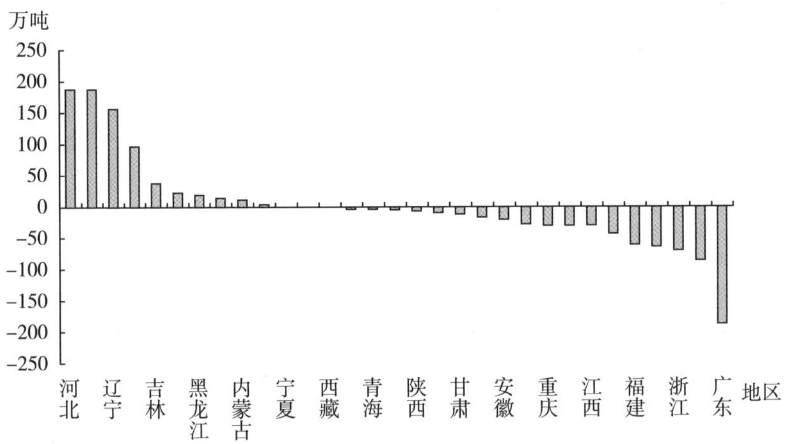

资料来源：大连商品交易所、中期研究院。

图1-3 全国部分地区鸡蛋贸易流向数据

鸡蛋批发市场价格是鸡蛋价格传导过程的重要一环，该价格是由收购商（即批发市场供给商）和批发商（即批发市场需求者）博弈的结果。该价格受畜产品收购价格、供需平衡、流通环节费用、流通技术水平、竞争状况、时点、批发市场效率等因素影响。

鸡蛋收购价格，加上物流费用、中间耗损以及自己的利润，就构成了畜产品批发价格的基础。当收购价格较高时，畜产品批发价格也会随之上升，当收购价格较低时，鸡蛋批发价格也随之降低。

1.2.3 鸡蛋价格形成机制研究

对商品价格形成的研究可以追溯到 19 世纪初古典经济学大师穆勒、萨伊和李嘉图对供求失衡现象的分析，他们提出“供给创造它本身的需求”，只要市场充分发挥作用，供求必然趋向平衡，经济波动的存在是暂时的和随机的。阿尔弗雷德·马歇尔采用了局部均衡分析的方法来阐释价格形成的过程。而马克思在阐释价格与供求之间的关系时，认为商品的价格是由价值决定的，价格与供求之间存在着相互影响，而非决定关系。尽管价值决定论和供求决定论存在一定的分歧，若把现存的价格理论整合成一个体系，不难发现价格理论体系的逻辑架构已经很深入，为商品价格的走势分析和价格形成机制的研究奠定了基础。

现代西方经济学中，较早研究农产品价格形成的主要理论是动态供需均衡模型，即蛛网理论。蛛网模型研究的是数量依变于价格，即以供给与需求等因素为被解释变量，价格因素为解释变量。随着社会经济的发展，人们发现对某些特定的产品市场，如蛋类、肉类、奶类、蔬菜等不易保存的农畜产品，短期内的供给往往难以调整，这时厂商成了价格的接受者，供给量或需求量在这里成为外生变量。在研究农产品价格形成时，需要由其他因素或变量来解释价格，即研究以价格为被解释变量，其他因素为解释变量的价格形成方法。这正是逆供需的核心思想。可见，影响农产品价格的因素众多而复杂，其价格形成机制具有特殊性。

蛛网模型是一个动态的价格分析模型，其假设前提是：第一，从开始生产到产品产出需要一定的时间，且在这段时间内生产规模无法改变；第二，本期的产量决定了本期的价格；第三，本期的价格决定了下期的产量。由这三个基本前提出发，因供与求的弹性大小不同，价格和产量的变动不一定会趋于均衡状态，蛛网模型又具体分为收敛型、发散型和封闭型三种动态模型。

①收敛蛛网模型：当市场受到外力的干扰偏离原有的均衡状态后，实际价格和实际产量会围绕均衡水平上下波动，但波动的幅度会越来越小，最终会回到原来的均衡点。此状态属于供给曲线斜率的绝对值大于需求曲线斜率的绝对值。假定，在第一期由于某种外在原因的干扰，如恶劣的气候条件，实际产量由均衡水平 Qe 减少为 Q1。根据需求曲线，消费者愿意支付 P1 的价格购买全部的产量 Q1，于是，实际价格上升为 P1。根据第一期的较高的价格水平 P1，按照供给曲线，生产者将第二期的产量增加为 Q2。在第二期，生产者为了出售全部的产量 Q2，接受消费者所愿意支付的价格 P2，于是，实际价格下降为 P2。根据第二期的较低的价格水平 P2，生产者将第三期的产量减少为 Q3。在第三期，消费者愿意支付 P3 的价格购买全部的产量 Q3，于是，实际价格又上升为 P3。根据第三期的较高的价格水平 P3，生产者又将第四期的产量增加为 Q4。如此循环下去，实际产量和实际价格的波动幅度越来越小，最后恢复到均衡点 E 所代表的水平（见图 1 -4）。

②发散蛛网模型：当市场受到外力的干扰使得产量和价格偏离原有的均衡状态后，在实际价格和实际产量互相决定的周期循环运动过程中，其运动轨迹呈现出向外发散的蛛网形态，最终使价格和产量越来越远离原来的均衡点（见图 1 -5）。此状态属于供给曲线斜率的绝对值小于需求曲线斜率的绝对值。

③封闭蛛网模型：当市场受到外力的干扰使得产量和价格偏离原有的均衡状态后，在实际价格和实际产量互相决定的周期循环运

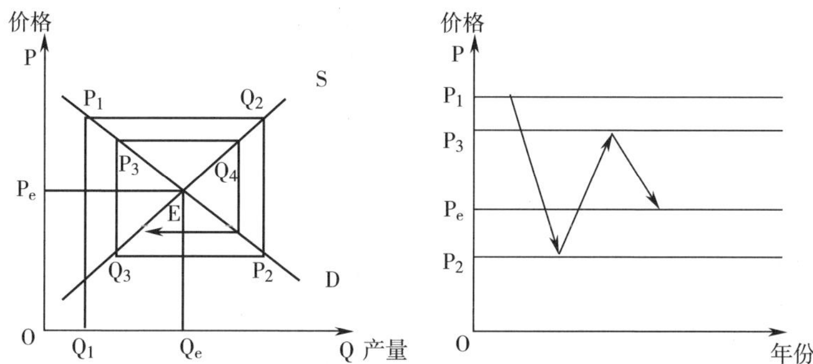

图 1－4　收敛型蛛网模型

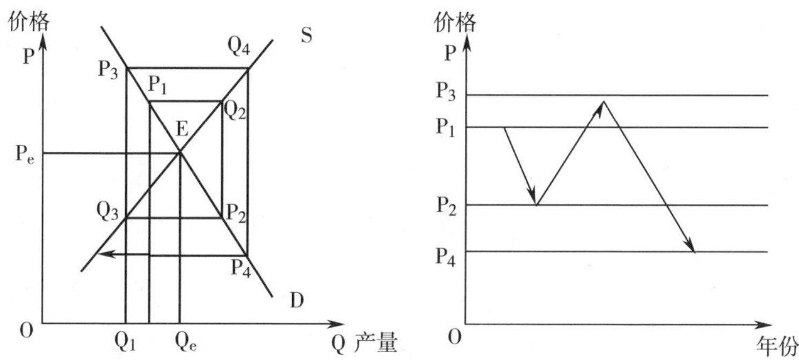

图 1－5　发散型蛛网模型

动过程中，其运动轨迹呈现封闭形状，产量和价格与均衡点 E 始终保持一定距离，永远达不到稳定的均衡水平，此时市场处于不稳定均衡，相应的蛛网形态称为封闭蛛网模型（见图 1－6）。此状态属于供给曲线斜率的绝对值等于需求曲线斜率的绝对值。

随着社会主义市场经济的逐步完善，绝大多数产品的价格已经推向市场。对生产者来说，市场价格会影响下一个时间周期的产出决策，也就是说生产者要做出的产出决策只能受当时的市场价格影响，而产品则要到下一个时间周期才能售出，可见市场供应量对价格的反应是滞后的。但市场的需求量对价格变化的反应则是瞬时

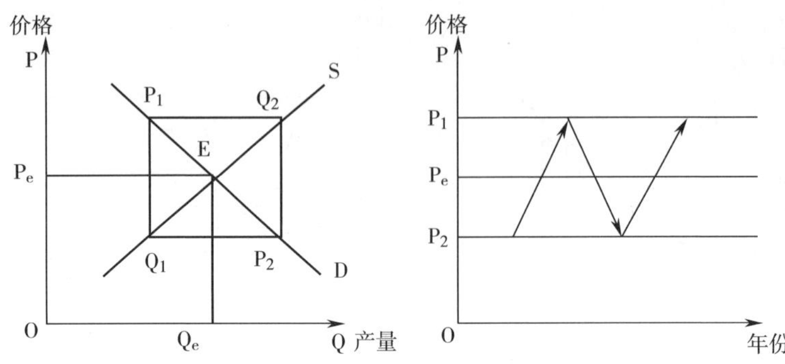

图1-6 封闭型蛛网模型

的，所以必须讨论价格波动对下一个时间周期产量的影响，以及由此而产生的均衡的变动。蛛网模型是价格理论的现实反映，它在一定范围内揭示了市场经济的规律，对实践具有一定的指导作用。但是，这个模型还是一个很简单的和有缺陷的模型。这是因为，根据该模型分析，造成产量和价格波动的主要原因是：生产者总是根据上一期的价格来决定下一期的产量，这样，上一期的价格同时也就是生产者对下一期的预期价格。而事实上，在每一期，生产者只能按照本期的市场价格来出售由预期价格（即上一期价格）所决定的产量，这种实际价格和预期的价格不吻合，造成了产量和价格的波动。但是，这种解释是不全面的。因为生产者从自己的经验中，会逐步修正自己的预期价格，使预期价格接近实际价格，从而使实际产量接近市场的实际需求量。尤其是，鸡蛋期货上市后，期现货、近远月的期限价格结构反映了市场对于供需结构的变化和可能演变形式，而且在不断的动态调整中，这就是期货市场的价格发现功能，期货价格集中反映了市场参与主体对于未来鸡蛋供需的预期。此外，目前鸡蛋价格全国联动，信息透明度也大为提高，使得价格更为有效。

1.2.4 鸡蛋价格波动及成因研究

鸡蛋作为一种畜产品，具有农产品的共同特征。首先我们来分析农产品价格波动及成因，分析农产品供求关系变化影响其市场价格，是农业经济学传统的研究路径。无论是过去，还是现在，对农产品价格波动的分析，一般都围绕着农产品供求关系的变化进行（Trostle，2008）。概括地说，农产品供求关系变化与价格变动的关系是：当农产品供求关系趋于紧张时，农产品市场价格就会上涨，反之则相反。国外学者还发现货币供给量增长也会影响到价格波动（Barnett et al. 1988），卢锋、彭凯翔（2002）对中国1987—1999年粮食价格波动的研究，认为我国20世纪90年代名义粮价的剧烈波动是由于通货膨胀预期导致的。李敬辉、范志勇（2005）通过农产品价格波动的实证研究，认为货币供给、利率变化等导致大宗商品价格变化。王济民等（2006、2007）针对我国近年生猪价格的上涨问题进行了系统研究，认为前期价格低致使母猪存栏量下降、饲养成本上升、疫病以及国家部分政策执行不到位等多因素综合作用导致供给减少，价格上升。程国强、胡冰川、徐雪高（2008）认为2006—2008年国内农产品价格上涨有很大一部分原因来自国际农产品价格的传导。马永波（2011）认为导致农产品价格波动的主要原因来自供给关系、成本推动、货币供应及国际传导等方面。李国祥（2011）对2003—2010年中国农产品价格上涨进行分析，认为自2003年以来，农产品价格轮番上涨除了受到自然灾害等影响外，还受到农产品供求因素、国家宏观经济政策和农业政策等因素影响。张炜（2011）认为人工成本快速上涨是助推农产品价格的重要因素。李国祥（2011）通过实证研究发现中国货币供给量增长对农产品价格变动的显著影响不但表现为伴随货币供给量的急剧增长而出现农产品价格大幅度上涨，而且表现为伴随货币供给量增长的急剧变缓而出现农产品价格明显下跌。罗锋、牛宝俊（2011）通过VaR模型研究，结论表明我国农产品价格波动主要受国内因素的影响，但外部冲击因素的影响度日益显著。在国内影响因素中，反映国内需求的工业增加值是最主要的影响因素，国内生产资料价格的影响次之，国内货币供应量的影响度也较高。在外部冲击因素中，国际农产品价格的贸易传导最为重要，其次是石油价格冲击，影响稳定而持续，国际资金利率的影响排在第三位，外部需求的变化和人民币有效汇率波动对国内农产品价格的影响不大。也有学者认为，国内农产品价格波动是受到货币溢出效应、经济周期的阶段性、生产成本以及国际农产品价格的传导等内外部综合因素的影响（周姁和张建波，2008）。Yuqing Zheng、Henry W. Kinnucan和Henry Thompson（2008）认为新闻媒体的报道尤其是食品安全的报道造成一半以上的农产品价格波动。总之，学者普遍认为，供给紧缺、需求旺盛和成本增加、货币供给水平、通胀、国际市场价格是近年农产品价格波动的主要原因。

首先，供求关系是影响农产品价格的主要因素，也是影响鸡蛋价格的主要因素，而作为像生猪、鸡蛋这样的畜产品，因为生产周期较长，因此蛛网效应更为明显。綦颖、吕杰等（2007）对生猪市场价格周期性波动的经济学分析中认为，供求规律造成的蛛网现象、生产决策存在的偏差、生猪的生产周期、我国居民的消费习惯等是产生价格波动的主要原因。毛学峰和曾寅初（2008）用时间序列分解法对中国1995—2008年的生猪月度价格资料进行分析，发现生猪价格存在周期为35～45个月的显著周期波动，而且外部冲击（疫病等）往往对生猪市场的价格波动起到推波助澜的作用。

其次，饲料成本占到蛋鸡饲养总成本的70%以上，因此饲料成本也是影响鸡蛋价格的重要因素（钟钰，2010；刘振滨，2012；徐明凡，2014）。此外，禽流感疫情也是造成鸡蛋价格大幅波动的重要原因。

最后，周红等（2012）通过 H－P 滤波分析法，对 21 世纪以来鸡蛋价格波动特征进行了分析，认为鸡蛋长期表现为价格增长，短期呈现明显的周期性波动，月份波动明显。每年 9 月鸡蛋价格一般处于全年最高或次高点；每年 4 月基本上是当年价格最低的月份。

1.2.5 鸡蛋价格预测预警理论与应用研究

（1）关于价格预测。

预测本身是一门学科，将预测方法运用到经济研究中来，就成为经济预测（顾海兵，2005）。预测经济未来甚至被弗里德曼认为是经济学的基本特征。我们在此并不想争论经济的基本特征是预测还是解释，只是想指出对经济预测的研究的确受到了许多经济学家的重视并且投身其中，著名学者如 Tinbergen、Klein、Granger 等。时至今日，经济预测方法已经被广泛地运用于各个经济学分支学科，同样有许多文献应用现代预测技术研究畜产品价格预测问题。下面简要介绍预测理论的发展，然后归纳在畜产品价格预测研究中，都运用了哪些方法和模型。预测技术发展很快，新方法不断出现，现在对某一个问题可供选择的预测方法有多种，到底哪一种方法更合适呢？许多文献因此对不同方法进行了对比研究，本节最后对这些文献进行了总结。

（2）预测理论的发展。

Morgenstern 最先对经济预测方法论作了全面的论述。即使如此，他却认为经济预测在原则上是不可能的，原因是经济数据既不是同质的，也不是独立的，而同质性和独立性是概率统计的前提，所以经济预测不能基于概率论的推理。Marget 对以上观点进行了反驳，他认为大多数经济预测是用过去模式对将来的推测，并非基于概率推理的预测技术。Marget 和 Morgenstern 的争论对于认识经济预测的可能性和局限性有很大的帮助，人们也没有从此就放弃实际经济预测（柯莱蒙兹等，2008）。Haavelmo（1944）在概率统计的框架中对预测进行的讨论成为了经济预测教科书处理的先驱。他认为预测不过是一般方法的应用而已，并不会增加新的问题。Haavelmo 的方法后来被广泛接受，并成为美国建立宏观经济计量模型的理论基础。Klein 运用 Haavelmo 的概率方法建立了一个包含生产函数和需求函数的经济结构模型，并认为作经济预测没有必要找出结构模型的参数，而是要想办法对模型进行简化（柯莱蒙兹等，2008）。20 世纪 50 年代后，时间序列分析占据了主导地位，许多预测模型不断出现，因此很有必要找到合适的方法对不同的预测模型进行评估。Granger 和 Newbold（1973）对预测的评价准则作了综述，指出许多先验的方法是不适当的。

（3）预测方法与模型。

A. 回归模型预测法。回归模型预测法需要清楚被解释变量受到哪些解释变量的影响，在此基础上根据经济学理论建立模型。回归模型预测的优点很明显：可以清楚地看到被解释变量的变动是由哪些解释变量的变动所导致的。但是由于经济系统的复杂性，要确定一个被解释变量有多少影响它的解释变量，以及这些解释变量分别是哪些，是一件很不容易的事情。解释变量太少，难免遗漏有影响的重要变量；解释变量太多，模型将变得复杂，样本数据也会很难得到。应用回归模型进行畜产品价格预测的文献更多地集中于 20 世纪 70 年代（Roy，1971；Lee，1971；Foote et al.，1976）。李哲敏

(2010) 选取商用蛋鸡的市场价格、蛋鸡的饲料价格、鸡蛋的前期价格等变量对鸡蛋价格进行了回归分析，这种预测比单纯地依靠价格本身预测更加有效精确。

B. Box – Jenkins 方法和 VaR 模型。自从 Box 和 Jenkins (1970) 的著作发表以来，用于单变量时间序列预测的自回归移动平均 (Auto – Regressive Moving – Average; ARMA) 模型得到了迅速而广泛的应用。ARMA 模型实际上是移动平均 (MA) 模型和自回归 (AR) 模型的综合，模型的核心理论为沃尔表示定理 (Wold's representation theorem)。

在对畜产品价格的预测中，有一些文献运用了 ARMA 模型。如 Oliveira 等 (1979) 运用 ARMA 模型拟合了来自不同市场的 6 种牛的现货价格序列和芝加哥期货市场的活牛价格序列，拟合样本区间为 1972 年 1 月到 1976 年 12 月的周价格，预测区间为 1977 年 1 月到 1977 年 8 月的周价格。研究结果发现，对于现货价格序列来说，ARMA 模型的短期预测更加精确；对于期货价格序列则是长期预测更为精确。使用 ARMA 模型进行畜产品价格预测的还有 Bourke (1979)、Ingco (1983) 和 Karbasi 等 (2009)。国内也有一些文献运用 Box – Jenkins 方法进行畜产品价格预测，如姚霞等 (2007)、傅如南等 (2008) 和刘峰等 (2009)。

VaR 模型在畜产品价格预测研究中应用颇多。如 Goodwin (1992) 使用变参数 VaR 模型和逐步跳跃的 VaR 模型对美国牛的季度价格 (样本区间为 1970—1990 年) 进行估计，发现在样本区间有明显的证据表明存在结构性变动。还有 Thraen 等 (2002) 和 Zapata 和 Garcia (1990) 运用 BVAR (Bayesian VaR) 模型分别对美国的牛奶价格和牛的价格进行了预测。国内有马孝斌等 (2007) 用 VaR 模型对北京市 2000 年 1 月至 2006 年 6 月的生猪月度价格进行了拟合，并对 2006 年 7—12 月的价格进行了预测。Box - Jenkins 方法虽然可以很好地拟合单变量时间序列数据，并且能得到效果不错的短期预测值，但这种方法不是建立在经济理论的基础之上，它实际上是一种复杂的滤波技术而不是经济模型（Naylor et al. ，1972），所以当我们用这种方法得不到理想的预测结果时，我们找不到原因何在。此外，如果我们的目的在于解释经济系统的行为而不仅仅是得到一个预测结果，那么就不能使用 Box - Jenkins 方法，因为这种方法没有经济理论基础，不能用来检验复杂的经济现象的假设。与单变量模型相比，VaR 模型考虑了变量之间的交互变化。VaR 模型的倡导者强调此方法简单而且估计也简单，但 VaR 模型的批评者也指出如下问题：VaR 利用较少先验信息，所以缺乏理论基础；VaR 的重点在预测，不适于做政策分析；VaR 模型的滞后长度难以确定；在一个 m 变量的 VaR 模型中，所有的 m 个变量都应该是平稳的；VaR 往往需要估计脉冲响应函数（impulse response function）（古扎拉蒂，2005）。

C. 神经网络模型。神经网络模型（Artificial Neural Network Model，ANN）的应用非常广泛，在畜产品价格的预测中也有一些文献进行了应用研究。在神经网络模型中，应用最多的是所谓 BP 人工神经网络模型。BP 神经网络有三层前馈网络：输入层、隐层和输出层。其中的隐层也叫中间层，可以只包含一层网络，也可以包含多层网络。经输入层输入数据样本后，模型按期望输出与实际输出误差平方和最小化的原则进行学习和训练过程，通过权值矩阵和阈值向量的不断调整，可以实现误差平方和达到所要求的范围之内。2006 年 H. A. Ahmad 和 M. Mariano 比较了价格预测的方法后认为，采用神经网络模型预测比一般的回归预测具有更好的效果，通过对美国鸡蛋价格的历史数据进行验证发现，一般回归分析只能解释37%的精确度，而神经网络具有更好的效果。Karbasi等（2009）使用静态和动态神经网络模型对伊朗禽肉价格进行了预测，并将预测结果和线性预测模型的结果进行了比较，所得的结论为动态神经网络模型的预测结果最理想，其次是静态神经网络模型，线性模型的预测结果在三者中最差。

王舒鸿（2008）运用灰色系统理论对中国江苏地区的鸡蛋价格进行了预测，得到了比较理想的效果，不过没有考虑到价值规律以及相关因素的影响。徐明凡（2014）的研究表明，采用灰色理论模型对我国鸡蛋价格进行预测比神经网络模型具有更有效的预测效果，但不足的是这种方法没有考虑到鸡蛋价格的季节性规律，必须进行修正。另外发现鸡蛋价格的波动可能更多地受到自身价格传导和投入要素价格的影响。在鸡蛋价格影响因素中，蛋鸡配合饲料的价格波动与鸡蛋价格的波动具有更加紧密的联系，其影响程度要高于蛋用雏鸡的价格影响程度，这一点得到李哲敏等（2010）的印证；同时，鸡蛋自身前期的价格高低与当期的价格具有很大的联系，而且近年来有加强的趋势，李哲敏（2010）的多元回归分析也显示出鸡蛋上一期的价格对鸡蛋当期的价格的正向作用为1.04，是其他两个因素的影响度的一倍多。因此其同时认为：在鸡蛋市场交易中，作为生产者要更多地关注鸡蛋前期的价格变化情况，同时也要加强对蛋鸡配合饲料价格的变化波动情况的重视。通过对市场相关因素的变化情况来判断鸡蛋价格的走势，从而更好地应对市场走势。

（4）预警模型与应用 。

预警研究显然要用到警情指标时间序列的预测结果，因此用于预测研究的模型运用于预警研究中，就可以称为预警模型，与经济预测方法一样，我们不能笼统地说某一种预警方法或模型比另一种更好。对不同的研究对象，要根据实际需要选择合理的预警方法和模型。现在更多的研究采用的是各种预警方法的组合运用，以提高预警结果的准确性。吕新业等（2005）运用向量自回归模型（VaR）进行粮食安全预警研究，苏博等（2006）用线性回归模型对粮食价格进行预警研究等。许多专家学者，如宋连喜（2007）和杨玉凤等（2008），及众多相关报道，如罗链洁（2007）、伍林川和富源朗（2007）都指出应当建立畜产品价格预警系统，目前针对畜产品价格预警的研究也越来越多（赵瑞莹和杨学成，2008；赵瑞莹等，2008）。赵瑞莹和杨学成（2008）运用BP人工神经网络模型进行猪肉价格预警研究。值得关注的是，2009年1月13日中国国家发展和改革委员会、财政部等六部委联合发布了《防止生猪价格过度下跌调控预案（暂行）》（以下简称《预案》），在《预案》中提出了生猪价格预警指标：以猪粮比价为基本指标，同时参考仔猪与白条肉价格之比、生猪存栏和能繁母猪存栏等指标，并根据生猪生产方式、生产成本和市场需求变化等因素适时调整预警指标。以猪粮比价为基本预警指标的《预案》将预警区域划分为五种情况：（1）绿色区域（价格正常），猪粮比价在9:1至6:1之间；（2）蓝色区域（价格轻度下跌），猪粮比价在6:1至5.5:1之间；（3）黄色区域（价格中度下跌），猪粮比价在5.5:1至5:1之间；（4）红色区域（价格重度下跌），猪粮比价低于5:1；（5）生猪价格异常下跌的其他情况。另外，一些畜牧行业的网站开展了畜产品预警研究，如搜猪网（http://www.soozhu.com）建立了中国的生猪预警系统，并定期发布预警信息。

唐江桥（2011）基于价格理论、经济预测和预警理论，运用时间序列分解法、条件异方差模型、自回归移动平均模型、灰色预测模型、组合预测方法、黑色预警方法、BP人工神经网络模型和黄色预警方法等模型，分析了中国主要畜产品价格的波动周期和波动特征，构建了畜产品价格的时间序列预测模型、黑色预警模型和黄色预警模型。针对鸡蛋价格的波动特征，运用黑色预警模型构建了鸡蛋价格预警系统，预警系统中，选择鸡蛋价格波动率作为警情指标，根据 ARMA 模型对鸡蛋价格的预测结果进行警度预报。

1.2.6 鸡蛋价格风险管理研究进展

（1）农业风险管理概述。

许多学者对中国农业存在的风险、特点、原因、风险管理对策等方面进行了研究。有的学者对中国农业自身特点、发展现状和存在的各种矛盾进行了比较深入的研究，在此基础上提出了建立有中国特色的农业风险保障体系的实施构想。还有学者分析了转型期农业风险的特点，说明中国农业市场风险管理应该是政府、市场、企业、农民自助的多元复合结构管理模式。即政府在农业风险管理中应负有制度选择与政策选择两项基本责任。同时还要建立农产品期货/选择权市场，进行农业组织化经营，构建新的农业保险体系，（杨保庭，2006；程杰，2006）。还有学者对国外农业风险管理经验进行了介绍（吕洋，范秀荣，2008；中国赴美保险考察团，2002；柯炳生，2001）。

（2）农业系统风险衡量方法。

主要有主观测度法、加权移动平均系数法、概率分析法、边际分析法、盈亏平衡分析法、广义盈亏平衡分析法、信息熵度量法、VaR 方法、利用期权定价模型衡量农业收益波动的标准差以及多种经营风险的衡量（刘金霞，2004）。下面，我们仅对 VaR 方法作简要介绍。

VaR 方法目前已成为金融界测量市场风险的主流方法。按字面解释就是“风险价值”，其含义指：在市场正常波动下，某一金融资产或证券组合的最大可能损失。更为确切的是指，在一定概率水平（置信度）下，某一金融资产或证券组合价值在未来特定时期内的最大可能损失。

表示为：$P(\Delta P \Delta t \leqslant \mathrm{VaR}) = a$。字母含义如下：

P ——资产价值损失小于可能损失上限的概率，即英文的 Probability。

ΔP ——某一金融资产在一定持有期 Δt 的价值损失额。

VaR ——给定置信水平 a 下的在险价值，即可能的损失上限。

a ——给定的置信水平。

例如，“一天的 VaR 为 5 万元的概率为 95%”，表示在以后的一天时间内，发生大于 5 万元亏损的可能性为 5%。要确定一个金融机构或资产组合的 VaR 值或建立 VaR 的模型，必须首先确定以下三个系数：一是持有期间的长短；二是置信区间的大小；三是观察期间。

A. VaR 特点主要有：

第一，可以用来简单明了地表示市场风险的大小，没有任何技术色彩，没有任何专业背景的投资者和管理者都可以通过 VaR 值对金融风险进行评判；

第二，可以事前计算风险，不像以往风险管理的方法都是在事后衡量风险大小；

第三，不仅能计算单个金融工具的风险。还能计算由多个金融工具组成的投资组合风险，这是传统金融风险管理所不能做到的。

B. VaR 的应用主要体现在：

第一，用于风险控制。目前已有超过 1 000 家的银行、保险公司、投资基金、养老金基金及非金融公司采用 VaR 方法作为金融衍生工具风险管理的手段。利用 VaR 方法进行风险控制，可以使每个交易员或交易单位都能确切地明了他们在进行有多大风险的金融交易，并可以为每个交易员或交易单位设置 VaR 限额，以防止过度投机行为的出现。如果执行严格的 VaR 管理，一些金融交易的重大亏损也许就可以完全避免。

第二，用于业绩评估。在金融投资中，高收益总是伴随着高风险，交易员可能不惜冒巨大的风险去追逐巨额利润。公司出于稳健经营的需要，必须对交易员可能过度投机行为进行限制。所以，有必要引入考虑风险因素的业绩评价指标。

第三，估算风险性资本（Risk - based capital）。以 VaR 来估算投资者面临市场风险时所需的适量资本，风险资本的要求是 BIS 对于金融监管的基本要求。

C. VaR 模型的优点：

第一，VaR 模型测量风险简洁明了，统一了风险计量标准，管理者和投资者较容易理解掌握。

风险的测量是建立在概率论与数理统计的基础之上，既具有很强的科学性，又表现出方法操作上的简便性。同时，VaR 改变了在不同金融市场缺乏表示风险统一度量，使不同术语（例如基点现值、现有头寸等）有统一比较标准，使不同行业的人在探讨其市场风险时有共同的语言。

有了统一标准后，金融机构可以定期测算 VaR 值并予以公布，增强了市场透明度，有助于提高投资者对市场的把握程度，增强投资者的投资信心，稳定金融市场。

第二，可以事前计算，降低市场风险。

不像以往风险管理的方法都是在事后衡量风险大小，不仅能计算单个金融工具的风险，还能计算由多个金融工具组成的投资组合风险。综合考虑风险与收益因素，选择承担相同的风险能带来最大收益的组合，具有较高的经营业绩。

第三，确定必要资本及提供监管依据。

VaR 为确定抵御市场风险的必要资本量确定了科学的依据，使金融机构资本安排建立在精确的风险价值基础上，也为金融监管机构监控银行的资本充足率提供了科学、统一、公平的标准。VaR 适用于综合衡量包括利率风险、汇率风险、股票风险以及商品价格风险和衍生金融工具风险在内的各种市场风险。因此，这使得金融机构可以用一个具体的指标数值（VaR）就可以概括地反映整个金融机构或投资组合的风险状况，大大方便了金融机构各业务部门对有关风险信息的交流，也方便了机构最高管理层随时掌握机构的整体风险状况，因而非常有利于金融机构对风险的统一管理。同时，监管部门也得以对该金融机构的市场风险资本充足率提出统一要求。

D. VaR 模型应用注意问题：

尽管 VaR 模型有其自身的优点，但在具体应用时应注意以下几方面的问题。

第一，数据问题。运用数理统计方法计量分析、利用模型进行分析和预测时要有足够的历史数据，如果数据库整体上不能满足风险计量的数据要求，则很难得到正确的结论。另外数据的有效性也是一个重要问题，而且由于市场的发展不成熟，使一些数据不具有代表性，而市场炒作、消息面的引导等原因，使数据非正常变化较大，缺乏可信度。

第二，VaR 在其原理和统计估计方法上存在一定缺陷。VaR 对金融资产或投资组合的风险计算方法是依据过去的收益特征进行统计分析来预测其价格的波动性和相关性，从而估计可能的最大损失。

所以单纯依据风险可能造成损失的客观概率，只关注风险的统计特征，并不是系统的风险管理的全部。因为概率不能反映经济主体本身对于面临的风险的意愿或态度，它不能决定经济主体在面临一定量的风险时愿意承受和应该规避的风险的份额。

第三，在应用 VaR 模型时隐含了前提假设。即金融资产组合的未来走势与过去相似，但金融市场的一些突发事件表明，有时未来的变化与过去没有太多的联系，因此 VaR 方法并不能全面地度量金融资产的市场风险，必须结合敏感性分析，压力测试等方法进行分析。

如“禽流感”造成畜产品的短缺或积压，“非典”带来的市场运转阻隔，VaR 将显得无能为力。要弥补这一缺陷，则可以用压力测试和情景分析。

所谓压力测试（Srtess testing），又称极限测试，是指将整个农产品组合置于某一特定的（主观想象的）极端市场情况之下，然后测试该农产品组合在这些关键市场变量突变的压力下的表现状况，分析它能否经受得起这种市场的突变。

情景分析是从战略角度而提出的分析方法。其目的在于评估与农产品相关的市场中的某些特殊情景或事件对农产品组合价值变化的影响。它与压力测试有许多相似之处，如两者都是对未来的情况（往往是不利的情况）做出主观上的设想，然后将农产品组合置于这一设想的环境中来考察这一组合的表现。实际上，两者是存在差别的，主要表现在：压力测试只是对市场中的一个或相关的一组市场变量在短期内的异常变化对农产品组合损益的影响，情景分析是假象一个世界的替代状态，将其应用到背景基础市场变量上，压力测试是从市场变量的异常取值到农产品组合的变化的自下而上的过程，情景分析从整体环境的变化到市场变量的变化到农产品组合的变化的自上而下的过程，压力测试进行的是一维的分析，情景分析进行的是多维的分析。压力测试是对农产品组合短期风险状况的一种战术性衡量方法，情景分析比较注重全面和长远的与农产品组合相关的环境的变化，是一种战略性衡量方法。因此，只有将二者结合起来，才能使风险评估更完善。

第四，VaR 主要使用于正常市场条件下对市场风险的测量。如果市场出现极端情况，历史数据变得稀少，资产价格的关联性被切断，或是因为金融市场不够规范，金融市场的风险来自人为因素、市场外因素的情况下，这时便无法测量此时的市场风险。

总之，VaR 是一种既能处理非线性问题又能概括证券组合市场风险的工具，它解决了传统风险定量化工具对于非线性的金融衍生工具适用性差、难以概括证券组合的市场风险的缺点，有利于测量风险、将风险定量化，进而为金融风险管理奠定了良好的基础。随着我国利率市场化、资本项目开放以及衍生金融工具的发展等，金融机构所面临的风险日益复杂，综合考虑、衡量信用风险和包括利率风险、汇率风险等在内的市场风险的必要性越来越大，这为 VaR 应用提供了广阔的发展空间。但是 VaR 本身仍存在一定的局限性，而且我国金融市场现阶段与 VaR 所要求的有关应用条件也还有一定距离。因此 VaR 的使用应当与其他风险衡量和管理技术、方法相结合。要认识到风险管理一方面需要科学技术方法，另一方面也需要经验性和艺术性的管理思想，在风险管理实践中要将两者有效结合起来，既重科学，又重经验，有效发挥 VaR 在金融风险管理中的作用。

（3）金融衍生品工具与鸡蛋价格风险管理。

A. 金融衍生工具在风险管理中的重要作用。中央一号文件充分肯定了金融衍生工具在风险管理中的重要作用。此外，农业部副部长陈晓华（2014）在第三届风险管理与农业发展研讨会上，从自然风险和市场风险两个方面，阐述了完善农业风险管理体系的重要意义，提出了防范和破解两大风险的政策路径。他指出，农业保险对帮助农民应对自然风险有重要意义。未来应对自然风险，发展农业保险要从充分发挥市场和政府两个作用、健全完善农业保险制度框架、推进农业保险产品创新、鼓励发展多元化农业保险机构、建立健全农业保险基层服务体系五个方面突破，加快发展适应我国现代农业发展需要的农业保险事业。期货市场有价格发现和套期保值功能，是化解农业市场风险的有效途径之一。目前，我国农产品期货市场上市品种已经达到20个，对完善农产品市场体系、稳定农产品市场价格，起到了积极作用。未来应对市场风险，推进农产品期货市场发展，要从降低期货市场风险、优化期货交易结构、推进期货产品创新、发挥期货价格功能和利用期货市场发展订单农业五个方面着力，从监管体制、市场结构、品种创新等方面深入研究，加快推进农产品期货市场发展。证监会姜洋进一步指出，证监会将积极贯彻落实党中央、国务院部署及相关文件要求，继续加强农产品期货市场建设，多途径支持农业市场化改革。要研究农产品期货期权试点，更好地满足农业企业的风险管理需求；加强与保险、信贷等金融服务的协调配合，发挥金融服务“三农”合力；做精做细已上市期货品种，提高定价及风险管理效率，推动取消对产业客户利用期货市场进行风险管理的各种不必要限制；积极开展涉农期货品种创新，为相关产业提供发现价格和对冲风险的工具；多方协作，提高涉农企业、农民专业合作社等新型农业经营主体利用期货市场的能力。

农产品期货与期权市场在农产品价格风险管理中扮演着重要角色。农产品期货市场的两大重要功能是套期保值与价格发现。其中农产品期货市场的风险转移机制是通过套期保值功能实现的。所谓套期保值，就是在期货市场上买进或卖出与现货市场数量相同，但交易方向相反的商品期货合约，以期在一段时间之后通过卖出或买进期货合约来弥补或抵消因现货市场价格变动而造成的损失。套期保值可以使农产品经营者通过放弃在价格波动中获得投机利润的机会，将可能的价格风险或者获利机会一起转移出去，从而不用过分担心价格的波动，专心组织生产经营，保证正常的商业利润。

套期保值风险转移机制的基本原理有两个：一是同一品种的商品，其现货市场与期货市场的价格通常受相同经济因素的影响和制约，其发展变化趋势一般来说是相同的。二是期货交易的交割制度，决定了随着期货合约到期日的临近，现货市场价格与期货市场价格趋向一致。因为期货交易规定，商品期货合约到期时，必须进行实物交割。在交割时，如果期货价格与现货价格不同，例如期货价格高于现货价格，就会有套利者买入低价现货卖出高价期货而盈利。相反，如果期货价格低于现货价格，就会有套利者买入低价期货卖出高价现货而盈利。其结果是使现货价格与期货价格趋向一致。套期保值就是利用现货市场和期货市场的这种价格关系，用一个市场的盈利来弥补另一个市场的亏损。从而实现稳定生产经营的目的。我们以鸡蛋为例作具体分析。

B. 鸡蛋期货与鸡蛋价格风险管理。2013 年 9 月 25 日，中国证监会批准大连商品交易所上市鸡蛋期货合约，以进一步健全农产品期货品种体系，满足现货企业的实际需求，更好地服务实体经济发展。2013 年 11 月 8 日，鸡蛋期货挂牌上市。鸡蛋期货作为我国期货市场首个生鲜品种，上市之初就受到市场关注。上市以来，鸡蛋期货运行平稳，市场流动性表现良好。从价格运行情况来看，鸡蛋期现价格相关性较高，1405 合约期现价格相关性达 0.9，1409 合约达 0.85。鸡蛋期货价格波动基本反映了现货市场的变化，特别是临近交割月份的价格，与现货市场的价格十分贴近。在避险功能发挥方面，鸡蛋期货为养殖企业提供了有效的风险管理工具，助推养殖企业做大做强作用显现。另外，鸡蛋期货上市后，行业信息化水平明显提高，价格透明度稳步提升，也在一定程度上推动行业标准化程度的提高。

表 1-3　　鸡蛋期货合约

交易品种	鲜鸡蛋
交易单位	5 吨/手
报价单位	元（人民币）/500 千克
最小变动价位	1 元/500 千克
涨跌停板幅度	上一交易日结算价的 4%（当前暂为 5%）
合约月份	1 月、2 月、3 月、4 月、5 月、6 月、9 月、10 月、11 月、12 月
交易时间	每周一至周五上午 9:00～11:30，下午 13:30～15:00，以及交易所规定的其他时间
最后交易日	合约月份第 10 个交易日
最后交割日	最后交易日后第 3 个交易日
交割等级	大连商品交易所鸡蛋交割质量标准
交割地点	大连商品交易所鸡蛋指定交割仓库
最低交易保证金	合约价值的 5%（当前暂为 8%）
交割方式	实物交割
交易代码	JD
上市交易所	大连商品交易所

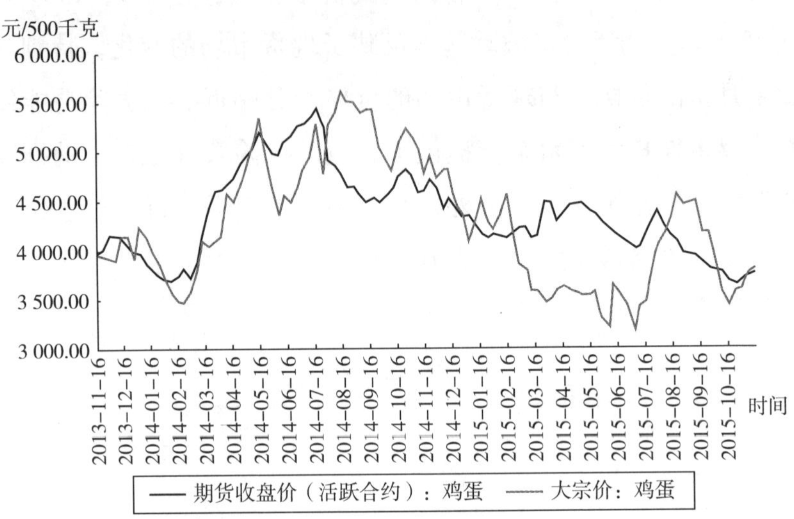

资料来源：Wind、中期研究院。

图1－7　鸡蛋大宗价格与期货价格趋势上一致

1.3　本书研究目标及研究内容

1.3.1　研究目标

（1）鸡蛋价格影响因素分析。

（2）构建鸡蛋价格预警指标体系。

（3）构建鸡蛋价格风险管理体系。

1.3.2　研究内容

通过文献归纳及理论分析、实地调研、座谈会、学术研讨会、电话会议、实证分析等多种研究手段和方法对下列问题进行研究和阐述：

（1）鸡蛋产业发展现状与特征。

（2）鸡蛋价格形成机制、波动及成因、预测预警理论、风险管理机制。

（3）鸡蛋价格影响因素分析。

（4）鸡蛋价格影响因子作用机理的实证分析。

（5）鸡蛋价格风险预警指标体系构建。

（6）鸡蛋期货与期权在鸡蛋价格风险管理中的应用。

1.4 本书技术路线

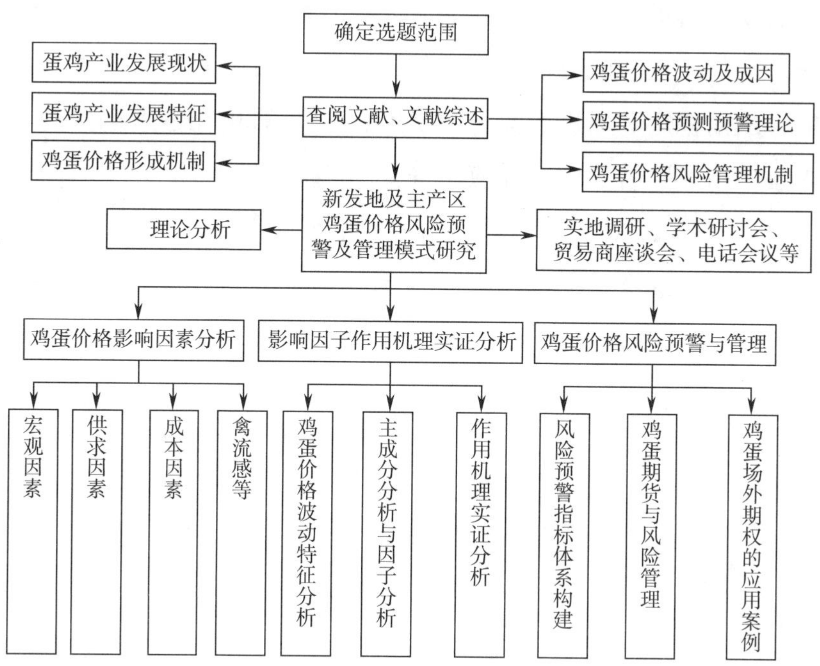

图1－8　本书技术路线与设计框架

1.5 本书研究创新及有待进一步研究的问题

本书力争做到理论与实践相结合，出发点侧重于应用，某些在实践中不易采用的方式方法在本书中并未着重涉及，而是着重强调了金融衍生品在产业经营与发展中的应用。未来农产品价格险有望成为农业保险中的创新险种进行普及，“期货+保险”的创新风险管理模式目前正在积极地试点运行中，未来也有望得到更大范围的推广。本书的研究成果直接可以应用于鸡蛋价格的风险管理实践中，为产业客户进行鸡蛋价格风险管理提供了重要的方法和模式借鉴。需要今后进一步研究的问题有几个方面：（1）如何应用期货+期权，期货+保险的方法破解“蛛网魔咒”给产业经营带来的不利影响，从而稳定和促进产业健康发展；（2）VaR 在运用鸡蛋期货进行鸡蛋价格风险管理中实际应用等。

2. 鸡蛋价格波动影响因素分析

鸡蛋价格影响因素主要有：宏观因素、供求关系、成本、禽流感疫情等。

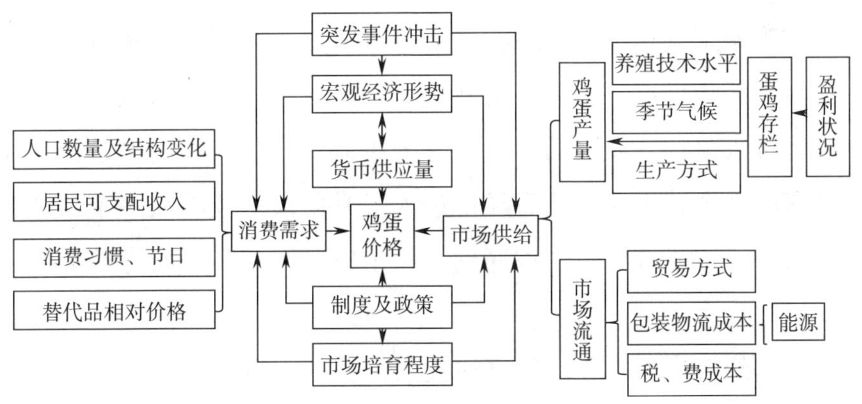

图 2－1　鸡蛋价格影响因素分析框架

2.1　宏观因素

宏观因素，包括经济周期、货币周期、通货膨胀周期等，这是分析大宗商品都需要分析的宏观背景。

2.1.1　宏观经济与鸡蛋价格

（1）经济周期与商品价格。

经济周期（Business cycle），也称商业周期、商业循环、景气循环，它是指经济运行中周期性出现的经济扩张与经济紧缩交替更迭、循环往复的一种现象，是国民总产出、总收入和总就业的波动。经济周期的特征：A. 经济周期不可避免。B. 经济周期是经济活动总体性、全局性的波动。C. 一个周期由繁荣、衰退、萧条、复苏四个阶段组成。D. 周期的长短由周期的具体性质所决定。

经济波动以经济中的许多成分普遍而同期地扩张和收缩为特征，持续时间通常为2～10年。现代宏观经济学中，经济周期发生在实际GDP相对于潜在GDP上升（扩张）或下降（收缩或衰退）的时候。每一个经济周期都可以分为上升和下降两个阶段。上升阶段也称为繁荣（或复苏），最高点称为顶峰。然而，顶峰也是经济由盛转衰的转折点，此后经济就进入下降阶段，即衰退。衰退严重则经济进入萧条，衰退的最低点称为谷底。当然，谷底也是经济由衰转盛的一个转折点，此后经济进入上升阶段。经济从一个顶峰到另一个顶峰，或者从一个谷底到另一个谷底，就是一次完整的经济周期。

说起经济周期与资产价格的关系，我们不得不提到“美林投资钟”。美林“投资时钟”理论是一种将“资产”、“行业轮动”、“债券收益率曲线”以及“经济周期四个阶段”联系起来的方法。美林投资时钟理论按照经济增长与通胀的不同搭配，将经济周期划分为四个阶段：

A. “经济上行，通胀下行”构成复苏阶段，此阶段由于股票对经济的弹性更大，其相对债券和现金具备明显超额收益。

B. “经济上行，通胀上行”构成过热阶段，在此阶段，通胀上升增加了持有现金的机会成本，可能出台的加息政策降低了债券的吸引力，股票的配置价值相对较强，而商品则将明显走牛。

C. “经济下行，通胀上行”构成滞胀阶段，在滞胀阶段，现金收益率提高，持有现金最明智，经济下行对企业盈利的冲击将对股票构成负面影响，债券相对股票的收益率提高。

D. “经济下行，通胀下行”构成衰退阶段，在衰退阶段，通胀压力下降，货币政策趋松，债券表现最突出，随着经济即将见底的预期逐步形成，股票的吸引力逐步增强。

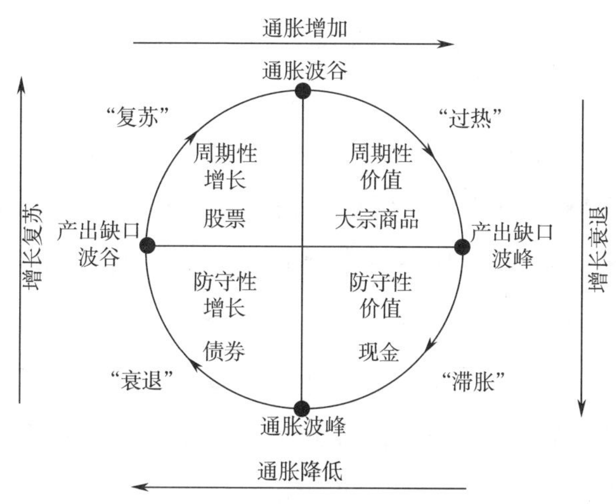

图 2－2　美林投资时钟

（2）目前我国经济所处的发展阶段。

中国经济经历了 30 多年的高速发展之后，目前处于“三期叠加”和新常态。所谓“三期叠加”，即增长速度换挡期、结构调整阵痛期和前期刺激政策消化期。所谓新常态，从消费需求看，过去消费具有明显的模仿型排浪式特征，现在个性化、多样化消费渐成主流，保证产品质量安全、通过创新供给激活需求的重要性显著上升，释放消费潜力。从投资需求看，经历了 30 多年高强度大规模开发建设后，传统产业相对饱和，基础设施互联互通和一些新技术、新产品、新业态、新商业模式的投资机会大量涌现。从出口和国际收支看，过去出口是拉动经济快速发展的重要动能，现在全球总需求不振，低成本比较优势发生了转化。

也就是说，我国目前处于旧经济发展模式向新经济发展模式过渡的时期，按照美林时钟来划分属于衰退阶段的尾声，主动调结构，改变唯 GDP 论带来的经济的阵痛，衡量传统经济的指标，如 GDP、PMI 等出现了下滑，但是坚定不移地改革将给中国经济长远发展注入新动力。同时，国家也在通过货币政策和财政政策等一系列措施实现调结构与稳增长的平衡，将名义 GDP 稳定在6.5% ~7%的水平上。我们从 GDP 和 PMI 指标考察目前的经济形势。

现价 GDP，又称名义 GDP，指没有剔除物价变动前的 GDP。不变价 GDP：又称为实际 GDP，指剔除了物价变动后的 GDP。从1999年至2007年，现价 GDP 经历了趋势性上涨，其中2003年至2007年，均达到了两位数的增速，在2007年增速达到最高点14.20%后遭遇了2008年的金融危机，迅速回落至9.6%，2010年短暂回升至10.2%后开始趋势性下降，2014年回落至7.3%，2015年可能继续回落至6.8% ~7%。其中第一产业相对较为平稳，2006年以来，维持在4% ~5%区间。第二产业下滑较快，由高峰时的两位数增速下滑至7.3%，其中工业更是下滑至6.9%。从不变价 GDP 来看，与现价 GDP 变化趋势基本一致，截至2015年第二季度末，下滑至7.0%，不过三大产业出现了分化，第一、第三产业在2015年第一季度末分别达到了阶段低点3.2%和8.0%后出现了反弹，第二季度末达到3.7%和8.5%，而第二产业仍延续下滑趋势没有改观，第二季度末下降至6.0%。这充分展示出我国维稳农业，结构转型，工业去产能，促进服务业发展的结果。今后，伴随工业去产能的进一步深入以及高端制造业的崛起，第二产业也将止跌企稳，但需要时间。

从推动经济的“三驾马车”，即消费、投资、净出口来看，消费和投资对 GDP 增长贡献度最大。经济结构转型取得积极进展，一是国内消费增长强劲，2015 年上半年，最终消费支出对增长的贡献率达到 60%；二是服务业快速增长；三是就业形势良好；四是城镇化稳步推进，全国住房价格整体企稳，大城市住房价格开始回升。预计全年 GDP 将实现 6.5% ~7% 的增速。

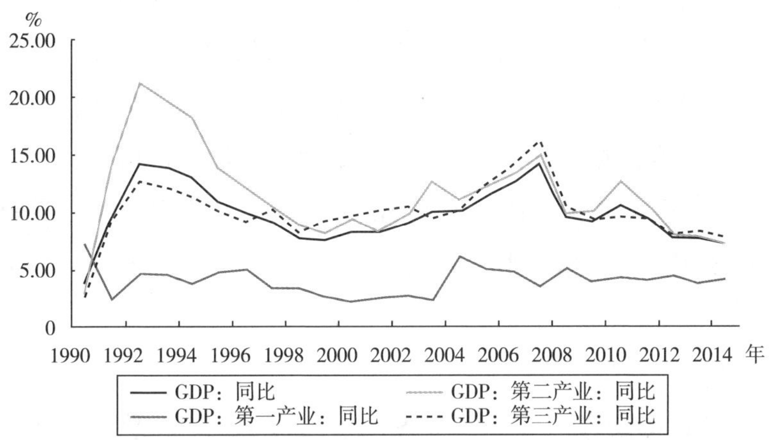

资料来源：Wind、中期研究院。

图 2－3　中国经济换挡期现价 GDP 增速下降至 7%左右

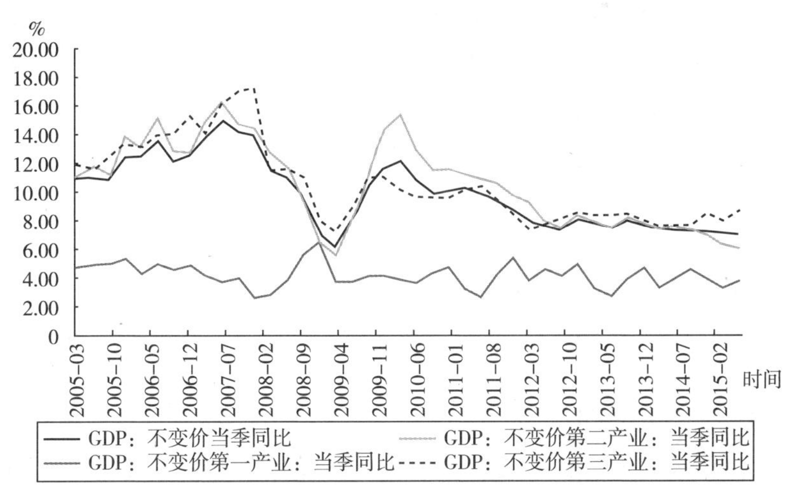

资料来源：Wind、中期研究院。

图 2－4　不变价 GDP 第一、第三产业企稳

我们再看 PMI，中文含义为采购经理指数，PMI 是通过对采购经理的月度调查汇总出来的指数，是一套月度发布的、综合性的经济监测指标体系，分为制造业 PMI、服务业 PMI，也有一些国家建立了建筑业 PMI，PMI 指标体系反映了经济的变化趋势。PMI 指数 50 为荣枯分水线。当 PMI 大于 50 时，说明经济在发展，当 PMI 小于 50 时，说明经济在衰退。从图 2－5 可以看出，其与 GDP 变动趋势一致，2005 年至 2008 年 6 月均保持在 50 之上，随后因金融危机影响迅速回落，并在 2008 年 12 月大幅回落至最低点 41.53，之后伴随 4 万亿元的刺激，迅速反弹至 50 之上，并维持在 50 附近窄幅波动，2015 年 9 月再度下滑至 49.83。

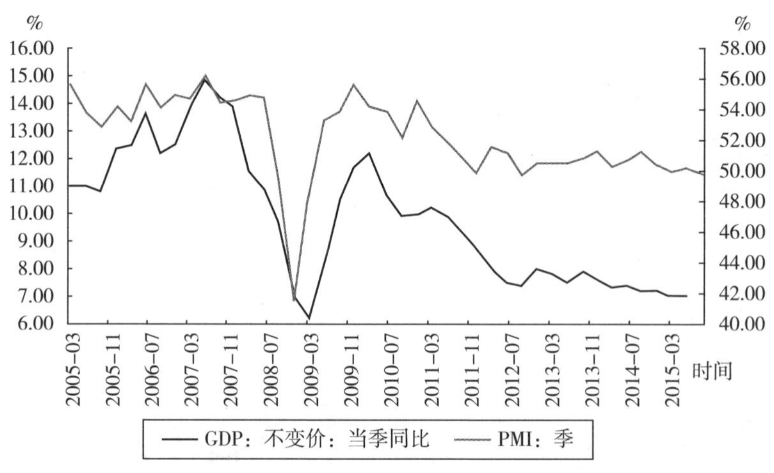

资料来源：Wind、中期研究院。

图 2－5　PMI 与 GDP 趋势一致，仍处于收缩阶段但低位企稳

（3）经济周期与鸡蛋价格。

从蛋类 CPI 来看，其自身具有明显的周期性波动规律，而在经济扩张期，波动幅度会更大，PMI 与 CPI、食品 CPI 相关度较与蛋类 CPI 要明显一些。蛋类 CPI 更多的受自身波动规律影响。

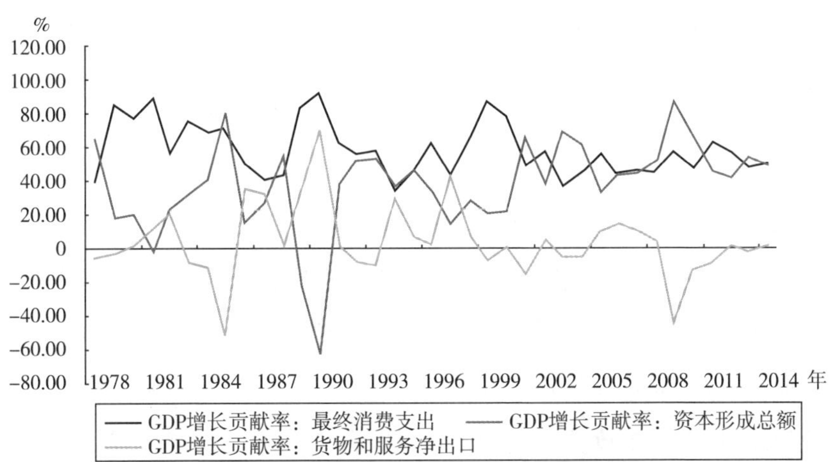

资料来源：Wind、中期研究院。

图 2－6 消费与投资对 GDP 增长贡献度最大

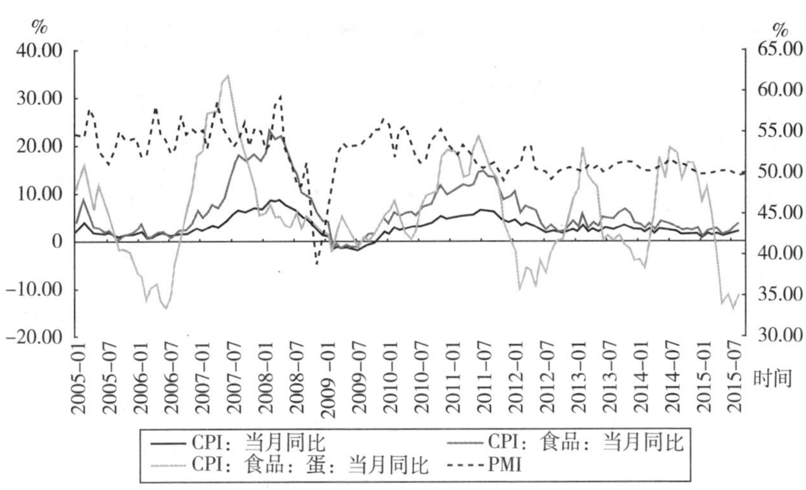

资料来源：Wind、中期研究院。

图 2－7 CPI 蛋类与 PMI 有一定关系，但更多表现为自身波动特性

2.1.2 货币因素与鸡蛋价格

货币因素方面，我们在简要阐述货币政策与经济周期的关系后，重点考察货币供应量 M_2 和美元指数对鸡蛋价格的影响。

（1）货币政策与经济周期的关系。

在经济发生波动的时候，货币政策也会做出调整，中国的经济在起伏中得到了增长，货币政策的适时调整，起到了重要的作用，经济周期波动伴随着货币供应量的变化。然而，经济调整中也出现了效果不明显或者政策频繁变动的情况，因此，对货币供应量与经济周期关系的研究为货币政策的制定奠定了基础。从 2.1.1 节的介绍中，我们知道经济增长是有周期的，萧条、复苏、繁荣、危机，在经济繁荣时，扩张的货币政策在经济繁荣时就是顺周期政策，在经济萧条时就是逆周期政策；紧缩的货币政策在繁荣时就是逆周期政策，在萧条时就是顺周期政策。

在 2000—2003 年，我国采取了一系列调整经济结构的措施，并适当地调整收入分配，经济在 2003 年以后进入了新的上升期。2003 年下半年，中央出台了一系列调整经济结构的措施，保证经济的平稳较快发展，稳健货币政策内涵开始发生变化，适当缩紧银根，多次上调存款准备金率和利率。2004 年，宏观经济情势良好，但经济中仍然存在固定资产投资增长迅速，信贷规模迅速扩张，物价上涨明显等问题，2005 年，中国经济增长势头良好，宏观调控效果显著。2006 年我国宏观经济的发展呈现出“高增长、高效益、低通胀”的局面，但物价仍有上涨的压力，投资过剩现象依然存在，国家继续实施稳健的货币政策来保证物价水平的持续稳定：三次上调商业银行等存款货币机构的法定存款准备率；两次上调存贷款利率；加强信贷政策的“窗口”指导，优化信贷结构。2007 年，为避免信贷投放过多、投资增长过快、贸易顺差日益扩大，我国实施了以反通货膨胀为目标的从紧的货币政策。由于受到经济危机的影响，2008 年、2009 年的经济增速有所减缓，2010 年经济回升发展加快。2008 年初，为防止经济增长由偏快转为过热，中国人民银行执行了从紧的货币政策。年中，美国次贷危机加深，中国人民银行调整了货币政策方向，改为扩张性货币政策，在保持经济平稳较快发展的同时，有效控制物价，进入 9 月之后，国际金融危机急剧恶化，中央银行四次下调存款准备金利率，五次下调存贷款基准利率，以促进经济增长。2008 年 11 月 5 日，国务院常务会议要求实行积极的财政政策和适度宽松的货币政策。2009 年，保持适度宽松货币政策，并对中国经济结构问题加大结构调整力度。2010 年，经济危机基本过去，基于经济逐步复苏，物价上涨等问题，央行六次上调大型金融机构存款准备金，并采取稳健的货币政策。2011 年上半年，央行继续六次上调存款准备金率，2011 年 6 月 20 日峰值达到 21.5%，伴随货币供应量增速趋势性下滑，传统的经济模式又无法支撑中国经济继续高速增长，GDP、PMI 等经济指标出现了震荡回落，2011 年 12 月 5 日开始至今，货币政策再度转为宽松，多次下调存款准备金率以对冲经济下滑的风险，步入 2015 年，为了对冲实体经济下滑和股市流动性危机，稳定市场信心，央行更是加大了货币宽松的力度，四次降准降息，宽松力度空前，基本稳定住了经济单边下滑的趋势。考虑到货币政策从实施到传导到经济大概有半年的时滞，2015 年第三季度后，经济料将止跌企稳。总体来说，货币政策的调整对保持经济稳定增长发挥了重要的积极作用。

货币供应量，是指一国在某一时点上为社会经济运转服务的货币存量，它由包括中央银行在内的金融机构供应的存款货币和现金货币两部分构成。流通中现金（M_0），指单位库存现金和居民手持

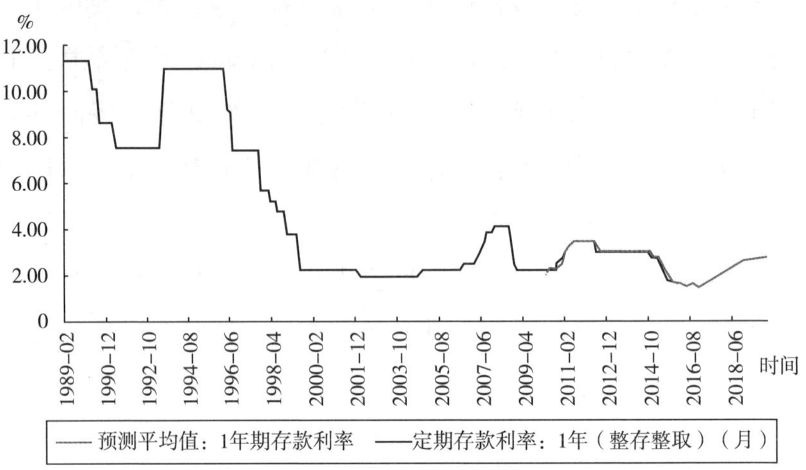

资料来源：Wind、中期研究院。

图 2－8　存款利率变化

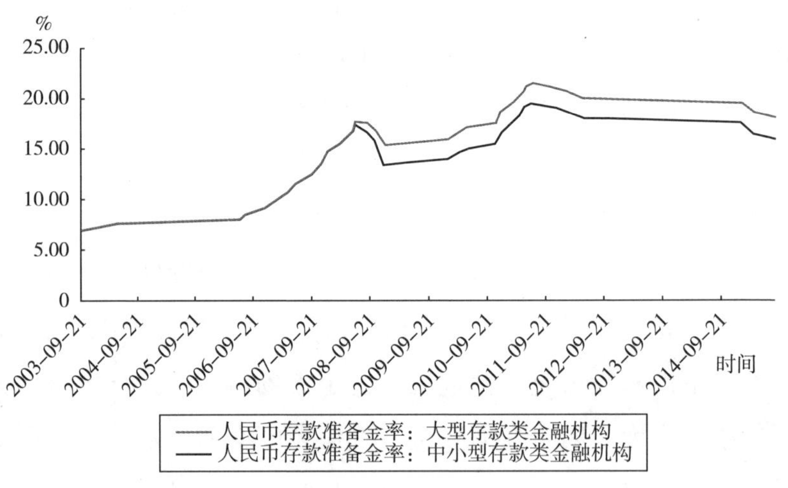

资料来源：Wind、中期研究院。

图 2－9　存款准备金率变动

现金之和，其中“单位”指银行体系以外的企业、机关、团队、部队、学校等单位。狭义货币供应量（M_1），指 M_0 加上单位在银行的可开支票进行支付的活期存款。广义货币供应量（M_2），指 M_1 加上单位在银行的定期存款和城乡居民个人在银行的各项储蓄存款以及证券公司的客户保证金。从图2－10可以看出，M_2 领先于PMI，对经济进行逆周期调节，对冲经济下行风险，保持经济平稳运行。

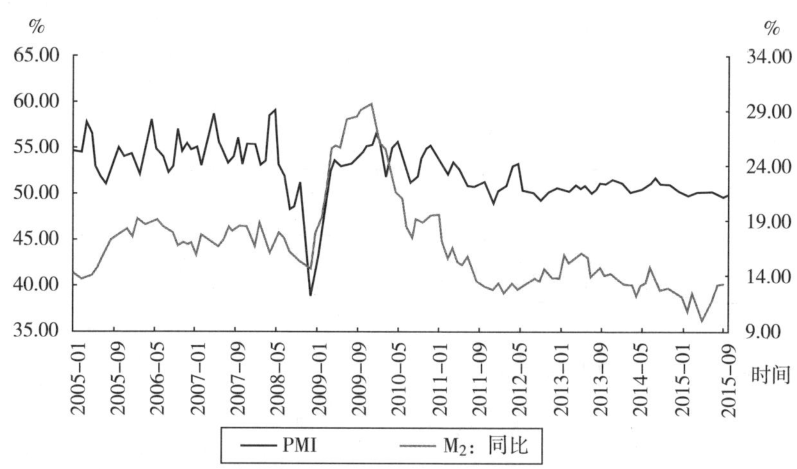

资料来源：Wind、中期研究院。

图2－10　M_2 领先于PMI

（2）M_2 对鸡蛋价格的影响。

M_2 领先于GDP平减指数和CPI。GDP平减指数，是指没有剔除物价变动前的GDP（现价GDP）增长与剔除了物价变动后的GDP［即不变价GDP或实际GDP］增长之商（也可是名义GDP与真实GDP之比）。该指数也用来计算GDP的组成部分，如个人消费开支。它的计算基础比CPI更广泛，涉及全部商品和服务，除消费外，还包括生产资料和资本、进出口商品和劳务等。因此，这一指数能够更加准确地反映一般物价水平走向，是对价格水平最宏观测量。M_2 与物价的关系整体表现出明显的正向促进作用。M_2 对CPI蛋类有促进作用，但不是主要因素，因蛋类自身的波动明显呈现周期性规律，使得货币因素成为推动蛋价的次要因素。

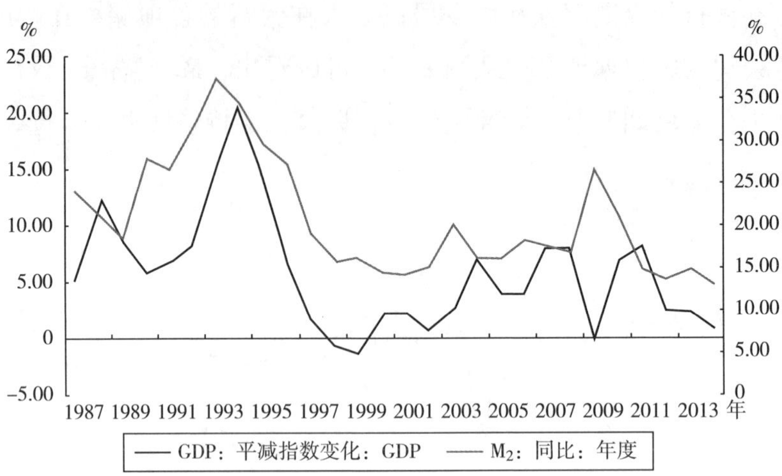

资料来源：Wind、中期研究院。

图 2－11　M_2 领先于 GDP 平减指数

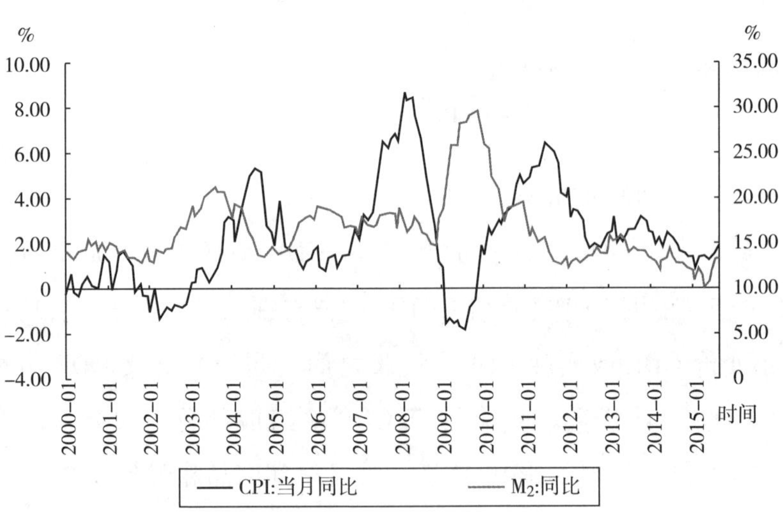

资料来源：Wind、中期研究院。

图 2－12　M_2 领先于 CPI

一般货币投放与发挥实际效果存在半年左右的滞后期，因此，以目前经济下行期的逆周期调节时，当经济指标逐步止住下行趋势

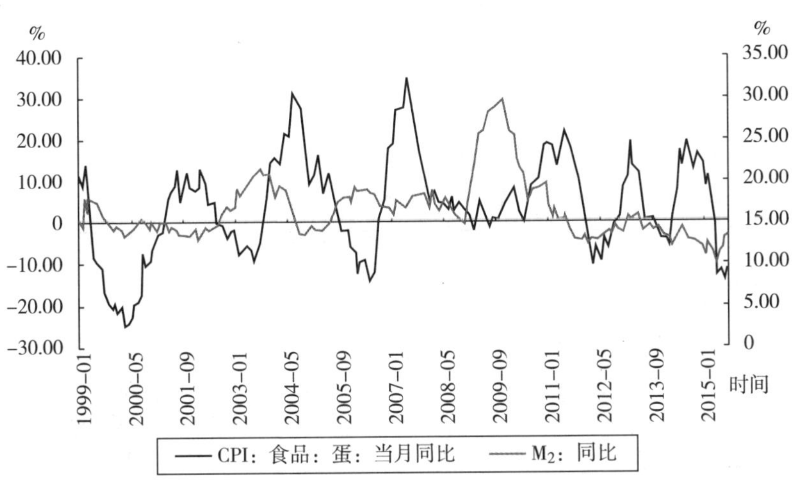

资料来源：Wind、中期研究院。

图 2-13　M_2 对 CPI 蛋类有促进作用但不是主要因素

后，货币政策也会慢慢由宽松转为稳健。从目前的经济指标来看，货币政策的效果正在逐步体现。

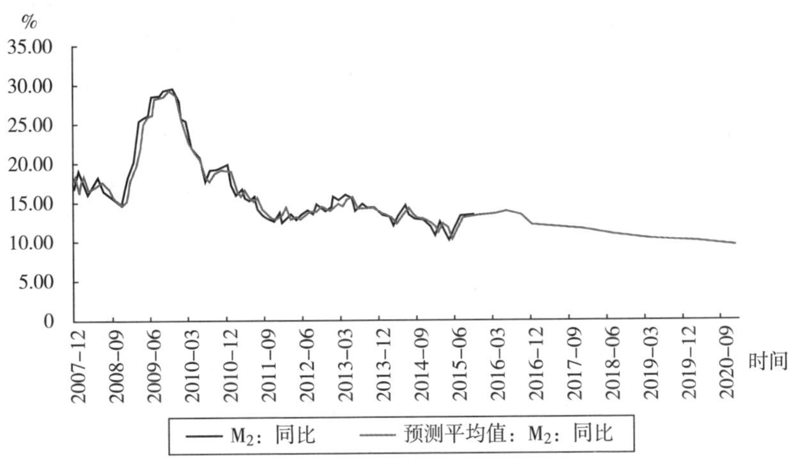

资料来源：Wind、中期研究院。

图 2-14　M_2 与 M_2 预测平均值

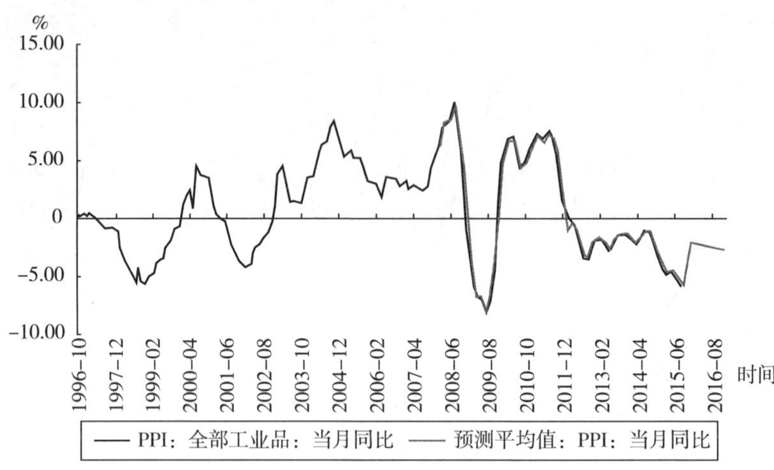

资料来源：Wind、中期研究院。

图 2-15　PPI 与 PPI 预测平均值

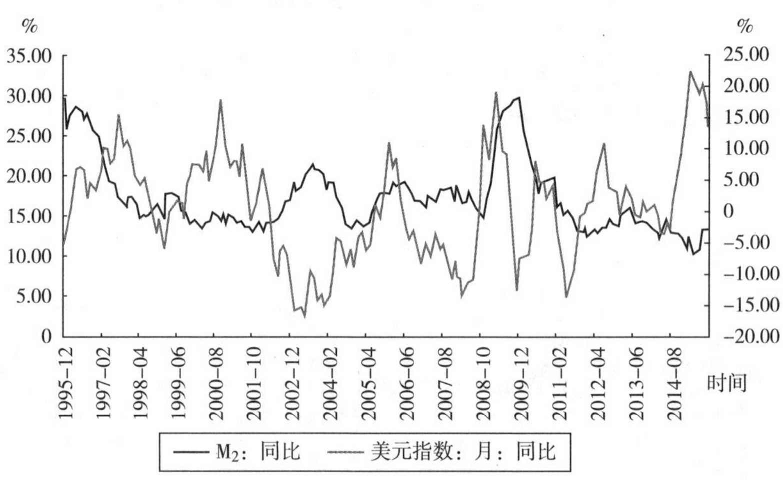

资料来源：Wind、中期研究院。

图 2-16　M_2 与美元指数变动时而趋同时而相反

（3）美元指数与鸡蛋价格。

美元指数（US Dollar Index & reg，USDX），是综合反映美元在国际外汇市场的汇率情况的指标，用来衡量美元对一篮子货币的汇率变化程度。它通过计算美元和对选定的一篮子货币的综合的变化率，来衡量美元的强弱程度。美元指数的变化趋势也反映了全球的货币周期，以及美国与全球其他经济体的经济与利率差异。全球流动性扩张，货币需求强劲，美元对外输出，美元贬值，资产价格上升。相反，美元回流将导致全球流动性收紧，其他主要货币兑美元贬值，资产价格下降。同时，美国在多种大宗商品上均具有话语权，而且全球贸易中多以美元计价，因此，美元走势多与大宗商品走势呈现反相关（见图 2－17）。

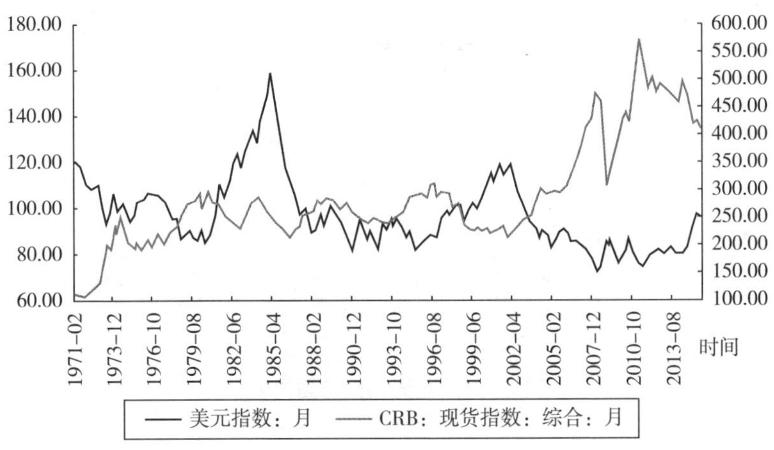

资料来源：Wind、中期研究院。

图 2－17　美元指数与 CRB 指数整体呈相反变动

M_2 与美元指数的关系充分反映了中美货币政策的差异以及中美之间的博弈。当经济处于上行周期时，全球流动性逐渐增加，低息美元向其他经济体，尤其是新兴经济体流入以获得超额收益，货币宽松导致物价上行，通胀风险增加，国内货币政策就倾向于逐步缩紧，M_2 供应量同比增速逐步下滑。当经济处于下行周期时，尤其是产能过剩的时期，面临着资产价格重估，美元从非美国家回流美国，全球流动性收紧。为了对冲经济下滑以及流动性收紧可能导致的经济大幅下滑，维护实体经济和金融市场稳定，国家一般开始采

取提高 M_2 或其他货币工具等手段。

美元指数与国内 CPI、PPI、CPI 猪肉分项、CPI 蛋类分项整体呈现负相关，也就是说，如果美元处于加息通道，趋势上涨的话，对鸡蛋等大宗商品均呈现压制作用。

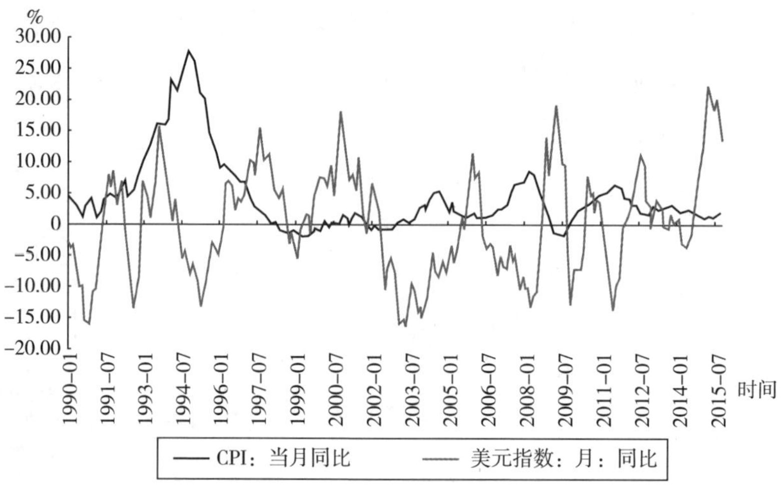

资料来源：Wind、中期研究院。

图 2－18　美元指数与国内 CPI

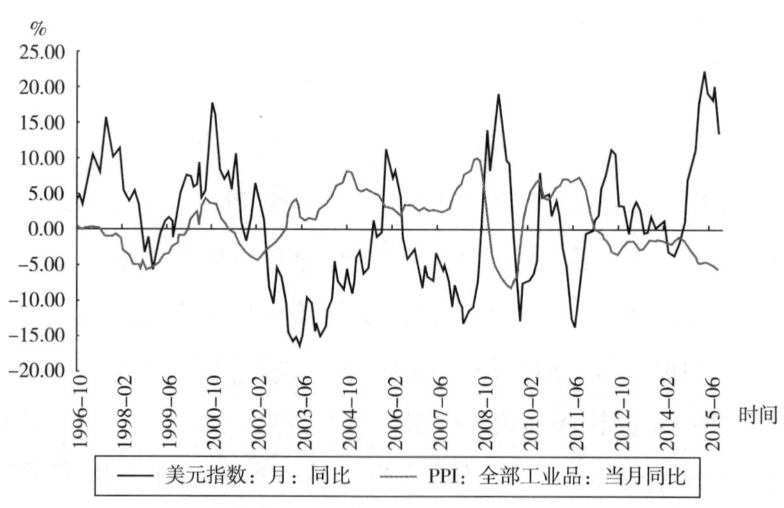

资料来源：Wind、中期研究院。

图 2－19　美元指数与国内 PPI

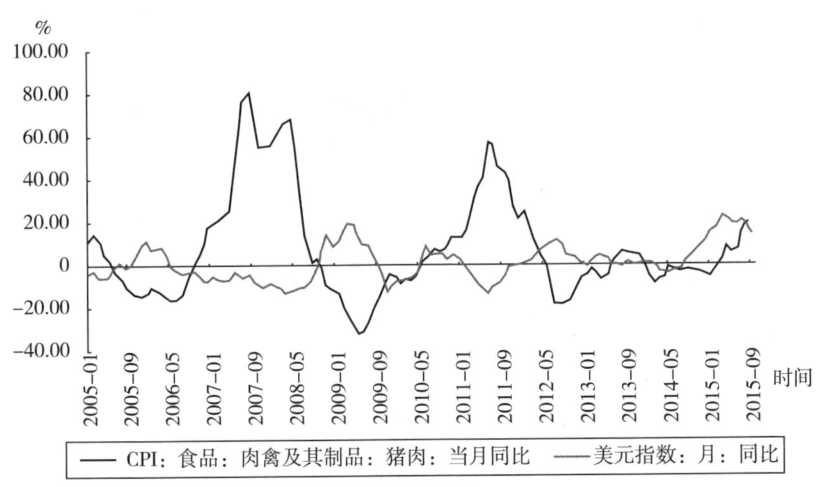

资料来源：Wind、中期研究院。

图 2-20　美元指数与国内 CPI 猪肉分项呈反向波动

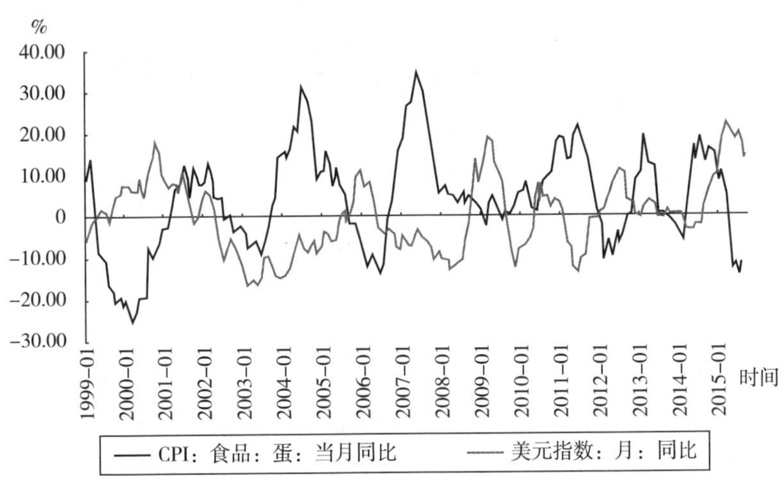

资料来源：Wind、中期研究院。

图 2-21　美元指数与国内 CPI 蛋类分项呈反向波动

2.1.3 通货膨胀周期与鸡蛋价格

我们用GDP平减指数和消费价格指数CPI来刻画和跟踪物价水平的变化，GDP平减指数与CPI波动规律一致，GDP与它们两者也体现了一定的相关度。伴随GDP的提高，全社会总收入和总支出提高，推动物价上行，反之，则带来物价下行压力。

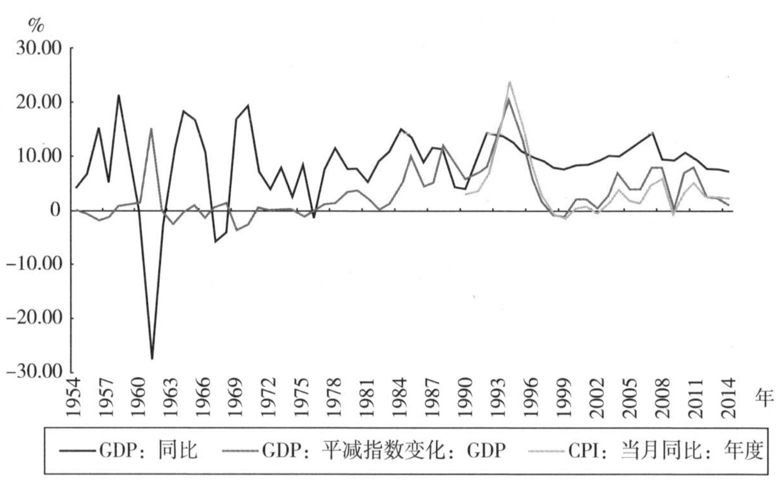

资料来源：Wind、中期研究院。

图2-22 GDP平减指数与CPI波动更为一致

除了供需严重失衡导致价格异动之外，CPI及猪肉、蛋类分项整体相关度强。恶性通胀和通缩都不利于一个国家的经济发展和财富积累，温和通胀是很多国家的理性选择。从国家控制通胀3%的目标以及CPI实际走势来看，2016年底前CPI料将维持在1.5%～3.5%区间，仍属于低通胀阶段。

通常我们把通胀周期称为猪周期，主要原因是，从历史数据来看，CPI同比走势和猪肉同比比较一致，猪肉价格对我国CPI的影响较大。2012—2015年，猪肉在CPI中所占比重分别为3.27%、

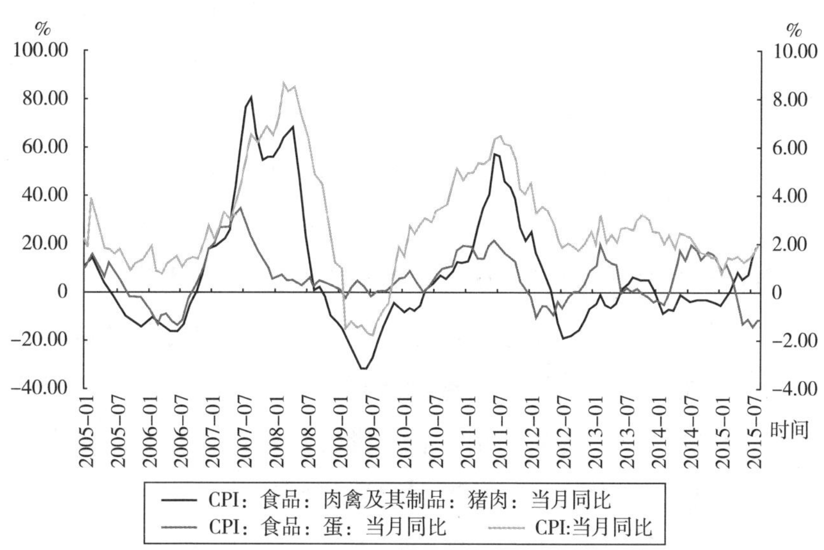

资料来源：Wind、中期研究院。

图 2-23　CPI 及猪肉、蛋类分项整体相关度强

资料来源：Wind、中期研究院。

图 2-24　CPI 与预测平均值

3.20%、3.17%和3.21%。当猪价上涨超过30%时，会拉动CPI指数1个百分点以上。而同时，由于猪价生产周期较长，供给有明显的周期效应，因此也导致猪价波动呈现出明显的周期效应且波动幅度大。猪肉价格上涨刺激农民积极性造成供给增加，供给增加造成肉价下跌，肉价下跌打击了农民积极性造成供给短缺，供给短缺又使得肉价上涨，周而复始，这就形成了所谓的“猪周期”。

“猪周期”的循环轨迹一般是：肉价上涨—母猪存栏量大增—生猪供应增加—肉价下跌—大量淘汰母猪—生猪供应减少—肉价上涨。猪周期的形成主要受生猪生长周期性影响。生猪生产具有周期较长、途中难以改变的特性。散养户以当年市场价格为标准预期未来收益，陷入“蛛网困境”，生产计划赶不上变化，产量赶不上市场变动的节奏。以2011年猪肉价格上涨为例，既有疫情导致能繁母猪存栏量下降、散养户退出的原因，也有饲料、人工、仔猪等成本迅猛上涨的因素。

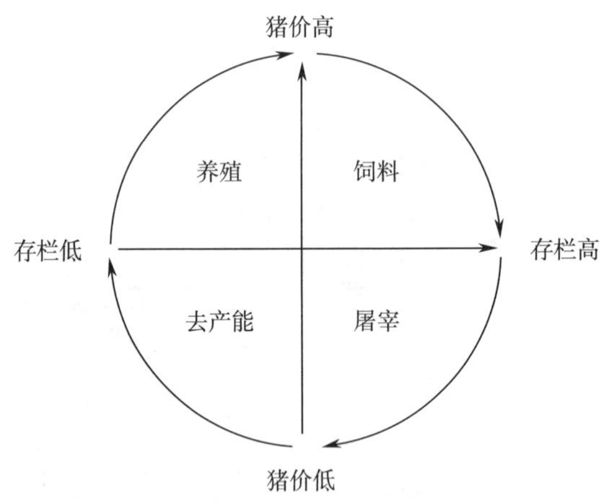

图2-25 猪周期循环图

每一轮猪周期的形态并不一致，波峰、波谷、周期长度都有一些差异。猪周期波动的平均周期大概在3~4年，2006年以来的猪周期为 2006. 3—2009. 7，2009. 7—2012. 8，2012. 8—2014. 6，2014. 6 至今，最新一轮猪周期，2014 年 6 月以来，伴随生猪和能繁母猪存栏量的不断下滑，猪肉价格震荡反弹，2015 年 9 月出现回落。

2014 年中国生猪市场遭遇了近 15 年以来最为严重的亏损，产能过剩程度最大，亏损深度最深，亏损时间最长，最高接近 400 元的亏损深度以及长达 10 个月以上的亏损，给整个生猪产业链带来了巨大的冲击，饲料、种猪、兽药、疫苗产业均遭重创。很多抗风险能力较弱的散养户逐步退出市场，这也导致生猪与能繁殖母猪存栏不断下降。截至 2014 年 11 月，生猪存栏量为 43 149 亿头，环比下降 0. 90%，同比下降 7. 4%；11 月能繁殖母猪存栏量连续下滑达到 4 368万头，环比下降 1. 2%，同比下降 12. 10%。从能繁殖母猪存栏看，2015 年上半年生猪存栏量将维持低位水平，为生猪价格上涨奠定了良好的基础。

供给周期决定猪周期的形成。由于猪肉被认为是必需品，因此也被认为是需求零弹性，需求曲线因此更接近一条直线。那么猪肉的价格唯一由供给决定。因此蛛网理论较好地描述了猪周期的形成。

整体来看，生猪价格与存栏量之间同向和反向波动并存，其中 2005—2007 年、2009—2011 年、2013—2014 年基本呈现同向波动，2011—2012 年呈现反向波动。孙若愚等对 2000—2014 年我国生猪平均价格和生猪存栏量之间的关系进行实证分析，从短期来看，生猪价格变化不是生猪存栏量变化的格兰杰原因，生猪存栏量变化是生猪价格变化的格兰杰原因。当滞后期从 1 到 3 时，生猪价格到存栏量的原因关系逐步明显，且当滞后 3 期时，在 5% 的显著性水平上呈现因果关系，这说明生猪价格变化在滞后 3 期对生猪存栏量具有较强的解释力。在1～3期生猪存栏量是当期生猪价格变化的格兰杰原因，且这种因果关系水平均在1%的显著性水平上显著，这说明生猪存栏量对于生猪价格变化在不同滞后阶段都具有十分强的解释力，可以断定生猪存栏量的变化会引起生猪价格波动。生猪存栏量对生猪价格反应滞后这与生猪生产的特性有关。生猪生产具有生长周期长的特点。一头仔猪从21天断奶喂养算起到体重100千克出栏，大概需要4个半月的时间。农户养殖生猪行为对来自生猪市场价格波动的滞后，反映一个非常重要的原因就在于农户在接收到市场价格信息后，在调整养殖结构和数量上需要较长的时间。受到农户劳动力资源条件、资金条件以及养殖环境的制约，农户能够迅速做出调整的可能性不大，即使价格下降导致养殖收益降低，生猪存栏量在短时间内也不会发生较大波动。

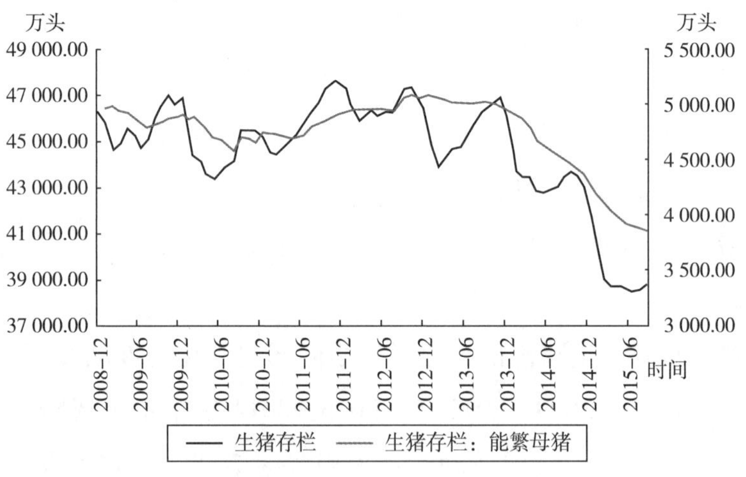

资料来源：Wind、中期研究院。

图2-26　生猪存栏变化

分析生猪价格波动与生猪存栏量的关系，消费者对于猪肉消费具有刚性需求，猪肉供给弹性大于需求弹性。处于完全竞争市场中的养殖户是价格的接受者，会根据市场价格的波动及时调整生猪存

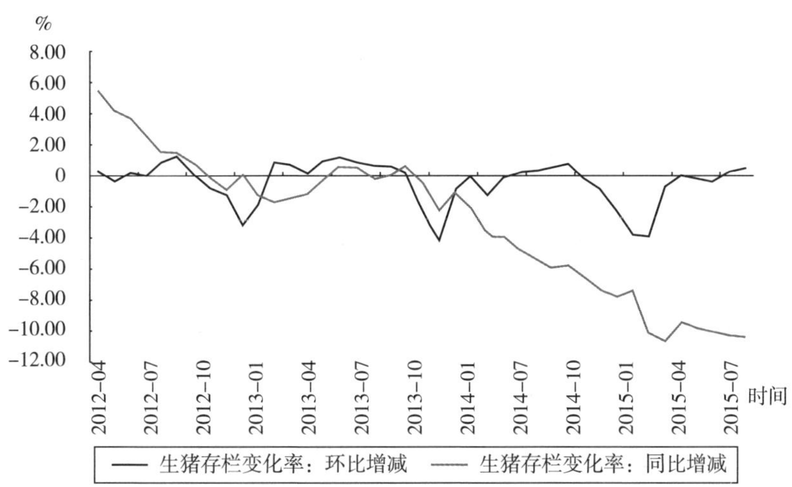

资料来源：Wind、中期研究院。

图 2－27　生猪存栏变化率

栏量来谋求最大利润。当农户饲养生猪存栏量增加，导致出现供大于求的市场格局时，生猪价格下降，会促使农户降低存栏量。由于生猪存栏量减少，导致市场上可供消费的猪肉数量减少，生猪价格的升高，又会刺激农户及时补栏，提高存栏量，生猪价格和存栏量波动持续震荡发散。同时，在生猪价格和存栏量相互影响波动过程中，由于生猪生长发育周期固定，即使生猪价格发生了一定的波动，在短期内生猪存栏量相对稳定，因此表现的滞后期较长；而当生猪存栏量由于自然风险或市场风险发生波动后，生猪价格会受到一定程度的影响，表现为滞后期较短。

从生猪存栏与定点屠宰企业屠宰量的关系来看，定点屠宰企业屠宰量见底时，往往生猪存栏也见底。同时，我们观察到一个规律性的现象，每当月屠宰量下降至 1 300 万～1 500 万头时均会止跌回升。从 2008 年至今已有 5 次均得到有效验证，2015 年大概也将延续这一规律。那么也预示着生猪存栏也将出现拐点。而从屠宰量与

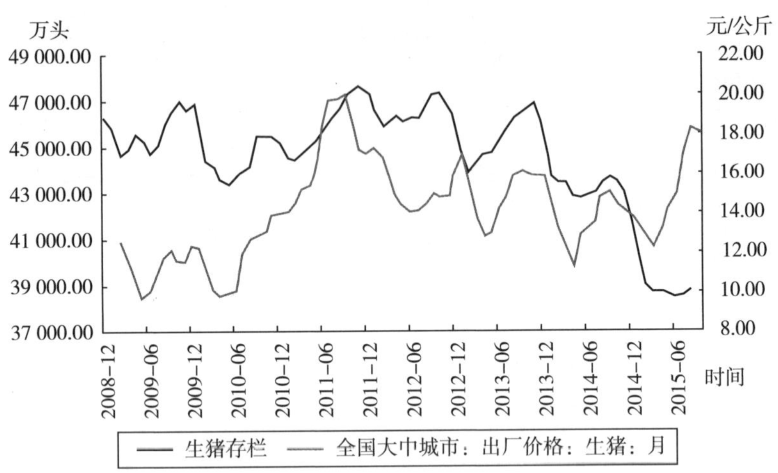

资料来源：Wind、中期研究院。

图 2-28　生猪存栏与生猪出场价格

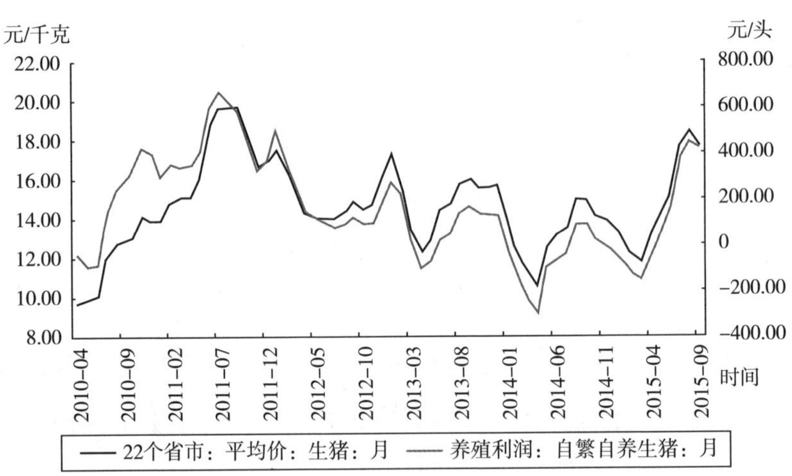

资料来源：Wind、中期研究院。

图 2-29　生猪价格与养殖利润高度正相关

生猪出场价格、生猪存栏与生猪出场价格的关系来看，生猪出场价格也将出现拐点。

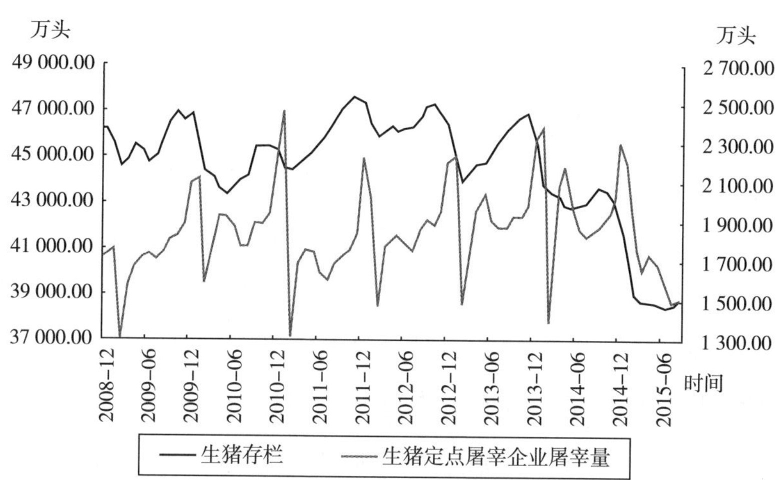

资料来源：Wind、中期研究院。

图 2-30 生猪存栏与定点屠宰企业屠宰量

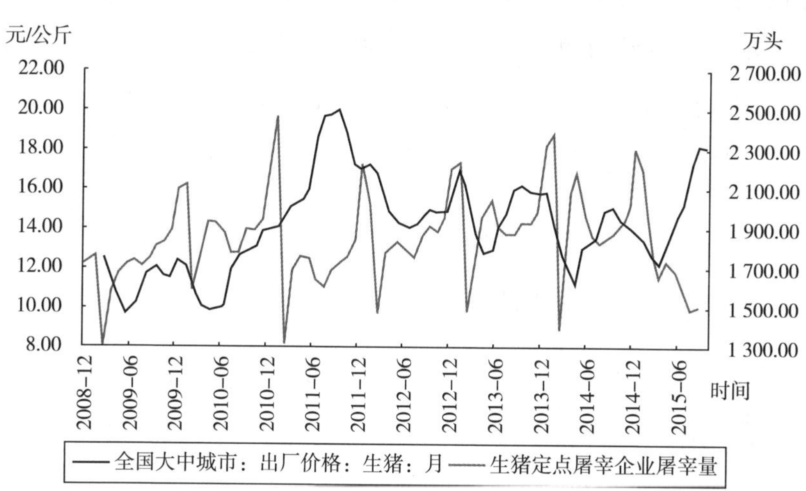

资料来源：Wind、中期研究院。

图 2-31 生猪出场价格一般领先于屠宰量

2.2 供求关系

供求关系是决定鸡蛋价格波动的主要因素，决定了鸡蛋价格变动的主要趋势。对于供给端，我们主要通过蛋鸡存栏量、在产蛋鸡存栏量、青年鸡存栏量、后备鸡存栏量、育雏鸡补栏量、鸡龄结构等指标进行衡量，而禽流感疫情一旦大面积爆发，对蛋鸡存栏及鸡蛋中长期供给有重大影响。同时，鸡蛋价格变化又对鸡蛋供给起到正反馈作用，也就是通过成本收益利润链影响养殖户的生产经营决策，从而影响未来的供给量。对于需求端，从长期来看，一方面，伴随城镇化进程的发展，鸡蛋需求的绝对量将保持稳中有升，但人口增长率出现趋势性下降，需求增速将有所放缓。另一方面，收入和消费水平也是影响需求的重要因素，伴随收入水平的提高，对于鸡蛋需求具有中长期的支持作用。同时，阶段性需求淡旺季受到节假日、学校开学等季节性因素的影响。而禽流感对鸡蛋短期需求有影响，但对中长期需求影响有限。中长期来看，禽流感对于供给端的影响要强于需求端。

2.2.1 供给端主要衡量指标

由于鸡蛋生产从购入雏鸡到产生鸡蛋至少需要半年时间，具有较长的周期性，养殖户对其生产的调节会滞后于市场供求关系的变化，从而引起鸡蛋行情的周期性变动。

产蛋生物学特点对产蛋量的影响：现在的蛋鸡品种 20 周龄以后便进入产蛋期。产蛋高峰一般能维持 5 个月的时间到 16 月龄后，产蛋率下降低于 70% 时，养鸡户开始淘汰蛋鸡。鸡蛋这种产品供应的生物学过程，直接影响到鸡蛋供应与价格的变化。现代蛋用鸡的产蛋高峰期很长，一般可达 6 个月。高峰期的产蛋率与全年的产蛋量呈强正相关，所以要想鸡群产蛋量高，就必须提升高峰期的产蛋率和维持高峰期的时间。产蛋高峰，鸡蛋供应量大，蛋价降低，产蛋低谷，鸡蛋供应不足，蛋价回升。

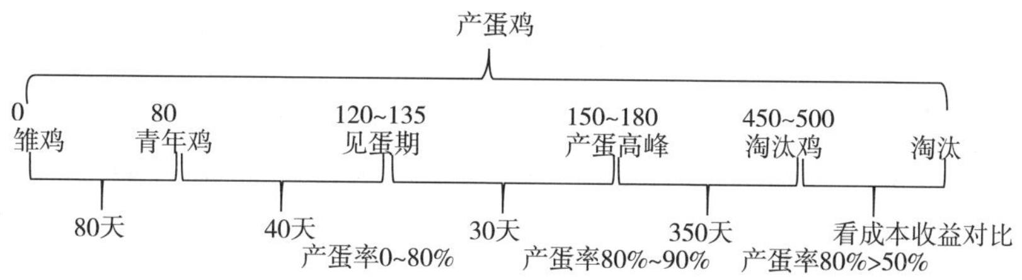

图 2－32　产蛋周期

产蛋季节对产蛋量的影响：春季气候逐渐变暖，是鸡群产蛋最适合季节，进入产蛋的旺季，鸡蛋供应量增加，鸡蛋价格下降；夏季气温较高，气候炎热，影响产蛋母鸡的采食量，致使母鸡的产蛋率下降，进入产蛋的淡季，产蛋量和上市量都会有所下降，供应量减少，鸡蛋价格上升。

（1）蛋鸡存栏量、产蛋鸡存栏量与鸡蛋价格。全国蛋鸡总存栏包括在产蛋鸡和后备鸡的总和。蛋鸡总存栏量与产蛋鸡存栏量的趋势性变化，能够很好地指示鸡蛋供给量的趋势性变化，对鸡蛋价格的中长期走势具有决定性影响。

受 2005 年底至 2006 年初禽流感疫情的影响，种鸡、蛋鸡存栏量均有不同程度的减少，低谷期的蛋种鸡市场存栏量较正常水平减少三至五成，促成了 2006 年 7 月末开始的生鲜鸡蛋价格的快速上涨。2006 年下半年，国内祖代鸡场进口量开始增加，父母代鸡场从 2007 年 3 月开始一直迅速增加，到 2008 年上半年比以往高出 30%，造成 2008 年商品代出雏量特别大，蛋鸡的存栏量在 2008 年形成高位运行态势，对 2006 年开始的生鲜鸡蛋价格的上涨趋势起到了遏制作用。2009 年，尽管第一季度全国蛋鸡存栏量同比降低 15% 左右，但全国父母代种鸡生产量大幅增加，促使下游产业链的商品代雏鸡供种量大幅增加，也促成了 2009 年下半年至 2010 年上半年生鲜鸡蛋的终端消费市场供过于求和价格低迷态势。而 2010 年下半年以来的生鲜鸡蛋价格飙升，也与前期价格低迷状况对农户造成的蛋鸡消极补栏有关。

2010 年，受市场竞争的影响，父母代鸡场开始行业整合期。有祖代鸡的父母代鸡场规模扩张较快。小种鸡场因鸡苗销售价格低，无力维持，纷纷退出。蛋鸡市场存栏较低，后备鸡偏少，加上春节前大批蛋鸡被淘汰，2011 年春季的蛋鸡前存栏量大概降到 10 亿只。2010 年饲料价格上涨 20% 左右，抑制了养殖户的扩张。2010 年蛋鸡养殖利润较好，2010 年 6 月起，蛋价连续上涨，普通养殖户的平均利润在 20 元/只。受 CPI 和农产品涨价、2009 年祖代种鸡数量减少等原因，商品蛋鸡上半年存栏减少，尤其是产蛋高峰期的蛋鸡数量明显减少，导致 2011 年上半年鸡蛋价格在 2 月、3 月短暂调整后，4 月后再度开始趋势性上涨，并在 2011 年 9 月出现了当时的历史最高价，大宗价格达到 9. 38 元/千克，因为褐壳父母代比往年少近 20%，同时赚钱效应刺激养殖场纷纷补栏，雏鸡价格也达到了历史最高价。伴随鸡蛋价格高涨和可观的利润，除了刺激行业内企业扩大规模（峪口、华裕、晓鸣，北农大等种禽企业纷纷扩容，种鸡规模扩大了 40% 左右）外，也促进了受宏观调控的企业如联想、网易纷纷加入养殖业，由此导致 2011 年下半年开始蛋鸡存栏量大幅增加，2012 年 4 月达到阶段高点 17. 15 亿只，鸡蛋大宗价格则自高位开始趋势性下跌，并于 2012 年 2 月达到阶段低点 6. 09 元/千克，较峰值下跌 3. 29 元，跌幅达 35%。随后蛋鸡存栏自高位回落，鸡蛋价格开始自低位震荡反弹，反弹趋势延续到9月。其中5月下旬至6月上旬，全国鸡蛋价格经过一轮快速上涨，6月中旬开始回落，但回落速度明显慢于前期上涨速度，截至7月20日，鸡蛋价格仅回落至6月初水平。经过短暂调整，7月22日之后，蛋价重启升势，直到9月达到9.7元/千克，打破了2011年9月创下的最高点。蛋鸡存栏量在7月止跌回升，鸡蛋价格也在9月达到高点后再度趋势性回落至2013年7月的7.09元/千克。之后经历8月、9月季节性旺季的上涨后再次回落至2014年2月，2013年底爆发的禽流感使得维持在高位近两年的蛋鸡存栏在2014年2月开始大幅度下滑，伴随着的是鸡蛋价格的新一轮趋势性上涨，并在2014年8月创出历史新高，达10.93元/千克。随后伴随存栏量自低位缓慢震荡回升，鸡蛋价格则自高位再次展开趋势性下跌，2015年6月大宗价格跌至6.86元/千克，7月、8月需求旺季短暂回升后，9月再度回落。

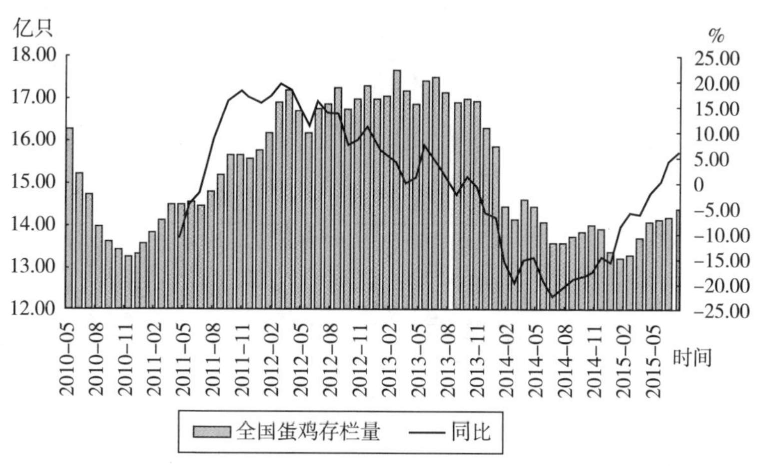

资料来源：Wind、中期研究院。

图2-33 全国蛋鸡存栏量及同比变化

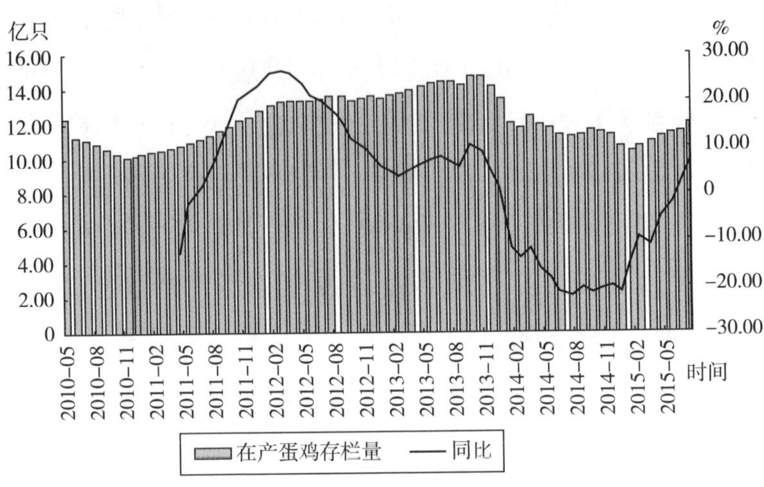

资料来源：Wind、中期研究院。

图 2-34　在产蛋鸡存栏量及同比变化

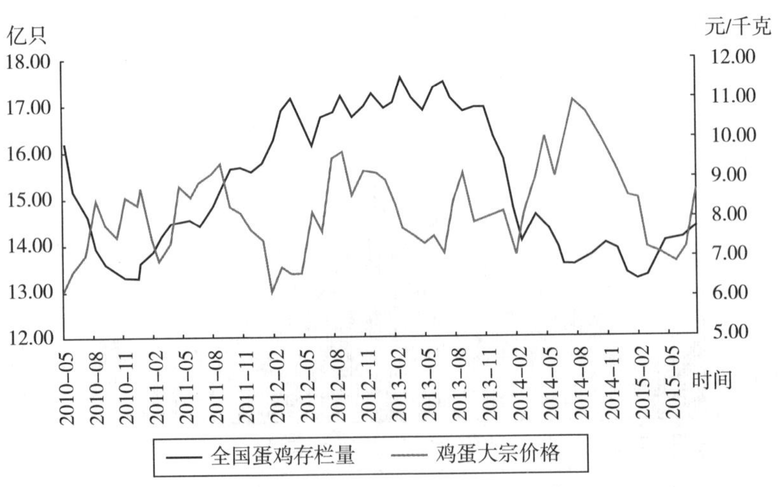

资料来源：Wind、中期研究院。

图 2-35　全国蛋鸡存栏量与大宗价格

（2）后备鸡存栏量、育雏鸡补栏量、青年鸡存栏量环比、空栏量环比。后备鸡存栏量、育雏鸡补栏量、青年鸡存栏量环比、空栏量环比数据可以作为蛋鸡存栏量数据的重要补充。前三者可以对未

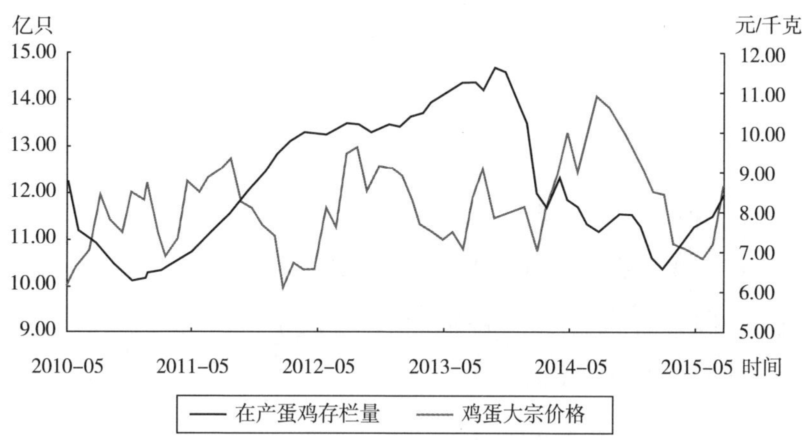

资料来源：Wind、中期研究院。

图 2－36　在产蛋鸡存栏量与大宗价格

来产蛋鸡存栏及鸡蛋供应变化趋势作一个很好的前瞻性预测。

后备鸡存栏量指所有还未下蛋的蛋鸡，包括育雏鸡和青年鸡的总和。青年鸡指已过育雏阶段，但还没有开产的鸡，2 个月至 4 个月之间大小的鸡。育雏鸡指正在育雏阶段的蛋鸡，0 个月至 2 个月之间大小的鸡。空栏量是指没有存栏的鸡舍未来可以存栏的最大总量。

从 2014 年 1 月开始，伴随鸡蛋价格上涨，养殖户的信心逐步恢复，逐渐开始补栏，后备鸡存栏量与育雏鸡补栏量以及同比增速开始自低位趋势性上升，这种上升趋势持续到 2014 年底至 2015 年初，之后后备鸡存栏量和同比增速开始高位震荡，开始回落。预示未来在产蛋鸡存栏量增速将放缓。

（3）鸡龄结构。蛋鸡鸡龄结构能够从侧面说明和验证鸡蛋供应的期限结构。开产中的蛋鸡比例最大，且仍在稳步增长，说明目前鸡蛋供应充足；后备鸡比例有所下降，说明未来供应压力将有所缓解；即将淘汰蛋鸡比例略有上升。

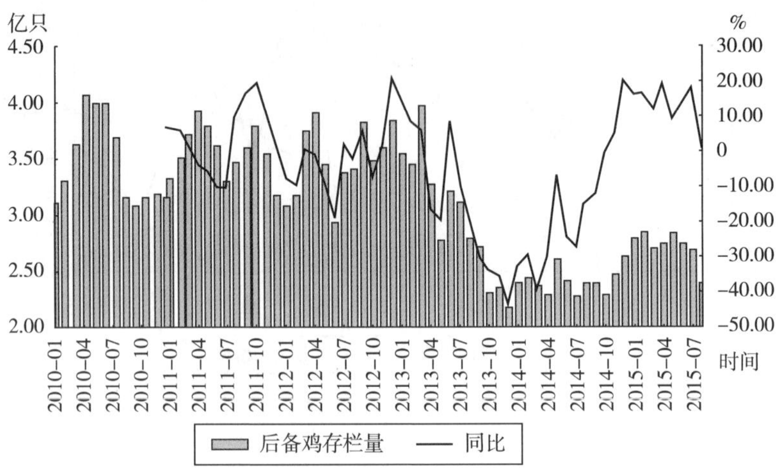

资料来源：Wind、中期研究院。

图 2－37　后备鸡存栏量及同比变化

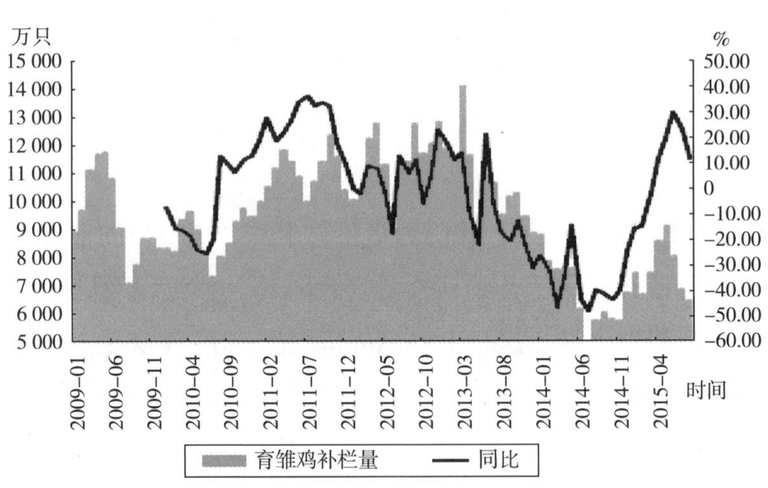

资料来源：Wind、中期研究院。

图 2－38　育雏鸡补栏量及同比变化

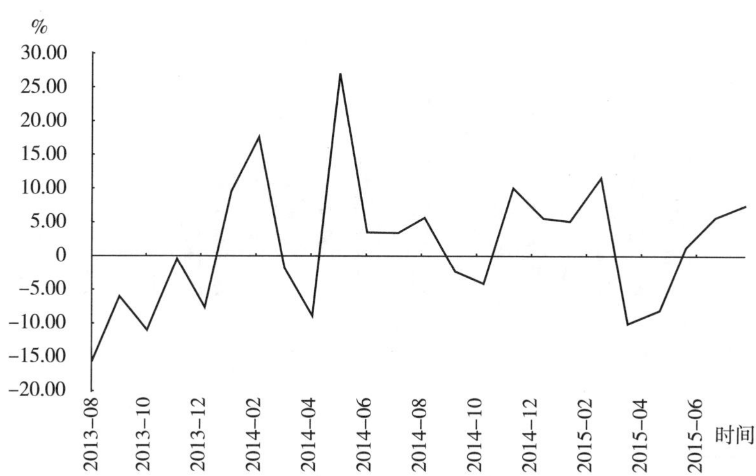

资料来源：Wind、中期研究院。

图 2 – 39　青年鸡存栏量处于回升趋势

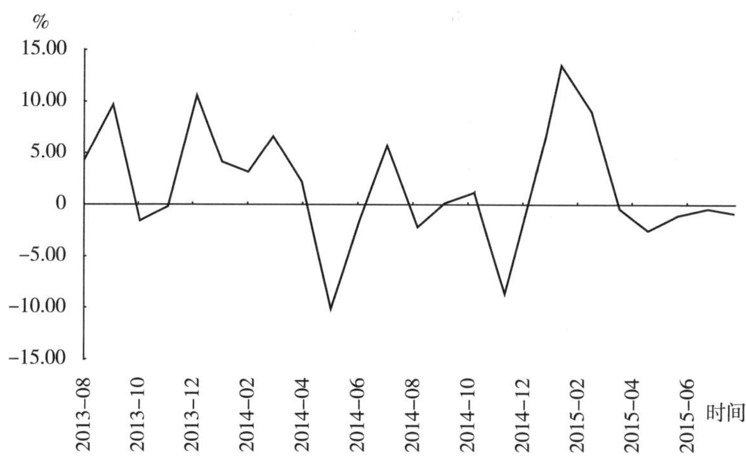

资料来源：Wind、中期研究院。

图 2 – 40　空栏量处于低位作为对照验证

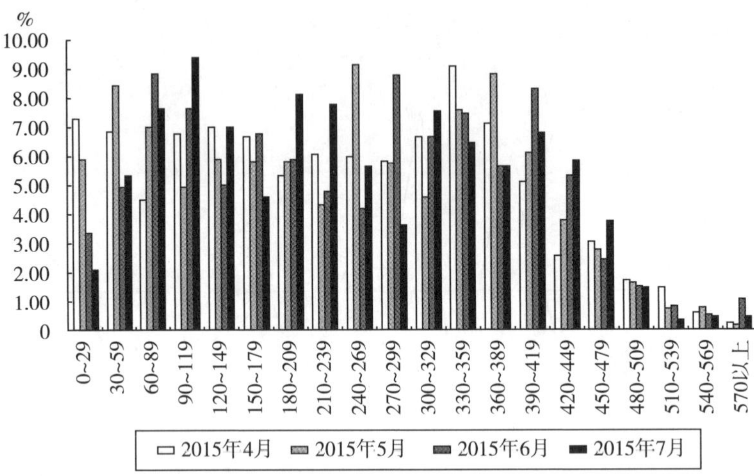

月份	蛋鸡鸡龄	2015 年 6 月	2015 年 7 月
1 个月	0 ~ 29	3. 37%	2. 09%
2 个月	30 ~ 59	4. 95%	5. 34%
3 个月	60 ~ 89	8. 83%	7. 64%
4 个月	90 ~ 119	7. 62%	9. 37%
5 个月	120 ~ 149	4. 99%	7. 01%
6 个月	150 ~ 179	6. 77%	4. 59%
7 个月	180 ~ 209	5. 88%	8. 12%
8 个月	210 ~ 239	4. 78%	7. 78%
9 个月	240 ~ 269	4. 17%	5. 63%
10 个月	270 ~ 299	8. 80%	3. 62%
11 个月	300 ~ 329	6. 69%	7. 54%
12 个月	330 ~ 359	7. 48%	6. 46%
13 个月	360 ~ 389	5. 61%	5. 61%
14 个月	390 ~ 419	8. 30%	6. 80%
15 个月	420 ~ 449	5. 33%	5. 86%
16 个月	450 ~ 479	2. 44%	3. 74%
17 个月	480 ~ 509	1. 54%	1. 49%
18 个月	510 ~ 539	0. 81%	0. 35%
19 个月	540 ~ 569	0. 52%	0. 46%
	570 以上	1. 10%	0. 49%

资料来源：芝华数据、中期研究院。

图 2 -41　蛋鸡鸡龄结构

表 2 – 1　　后备鸡、开产中蛋鸡、即将淘汰蛋鸡占比

	后备鸡		开产中蛋鸡		即将淘汰蛋鸡	
月份	0 ~ 119	变动幅度	120 ~ 449	变动幅度	450 以上	变动幅度
2014 年 4 月	20.16%		72.61%		7.23%	
2014 年 5 月	24.38%	4.22%	65.28%	–7.33%	10.35%	3.12%
2014 年 6 月	24.60%	0.23%	64.71%	–0.56%	10.68%	0.34%
2014 年 7 月	20.92%	–3.68%	63.24%	–1.47%	15.84%	5.15%
2014 年 8 月	25.39%	4.47%	60.39%	–2.85%	14.22%	–1.62%
2014 年 9 月	24.66%	–0.73%	61.72%	1.33%	13.62%	–0.59%
2014 年 10 月	18.23%	–6.43%	68.57%	6.85%	13.20%	–0.42%
2014 年 11 月	20.29%	2.06%	64.82%	–3.75%	14.89%	1.69%
2014 年 12 月	23.21%	2.93%	60.31%	–4.52%	16.48%	1.59%
2015 年 1 月	24.51%	1.30%	63.77%	3.47%	11.71%	–4.77%
2015 年 2 月	25.43%	0.91%	67.47%	3.70%	7.10%	–4.61%
2015 年 3 月	24.63%	–0.80%	67.77%	0.30%	7.60%	0.50%
2015 年 4 月	25.39%	0.76%	67.43%	–0.34%	7.18%	–0.42%
2015 年 5 月	26.23%	0.84%	67.60%	0.17%	6.17%	–1.01%
2015 年 6 月	24.77%	–1.47%	68.82%	1.22%	6.41%	0.24%
2015 年 7 月	24.44%	–0.32%	69.02%	0.20%	6.54%	0.12%

2.2.2　需求端主要衡量指标

（1）城镇化进程与人口自然增长稳步推高鸡蛋长期消费需求。

我国已成为全球第一大鸡蛋生产国，2011 年鸡蛋人均占有量为 18 千克，远高于全球平均的 9.3 千克，仅次于日本 19.4 千克，居世界第二位。我国鸡蛋产量基本用于国内消费，极小部分用于出口，每年鲜蛋净出口量不足产量的 0.3%，因此，我国鸡蛋的消费量基本与当年鸡蛋产量相当。由于人口刚性增长等因素，从 2000—2010 年中国禽蛋消费量变化来看，鸡蛋需求一直保持稳中有升的增长趋势，从 2 204 万吨增加到 2 827 万吨，年均复合增长率为 2.52%。若按照鸡蛋消费约为禽蛋消费的 85% 计算，2010 年全年鸡蛋消费量达 2 402.8 万吨。

按照消费途径划分，中国禽蛋消费分为工业消费（保洁蛋，深加工蛋等）、家庭消费（居民食用蛋）和户外消费（餐馆和机构消费蛋）。依然以家庭消费为主。在中国禽蛋消费持续增长的过程中，消费途径发生了显著变化，同时揭示出了未来禽蛋消费发展趋势，主要体现为：禽蛋家庭消费量增长速度大幅低于工业消费和户外消费增长速度。1992 年至 2010 年中国禽蛋总消费的年均增速约为 2. 52%，其中工业消费增速最快，年均增速为 9. 31%；户外消费增速为 3. 41%；家庭消费增速最慢，只有 0. 51%。而未来这一趋势仍将继续。2010 年中国禽蛋工业消费、家庭消费和户外消费分别为 551 万吨、1 491 万吨和 784 万吨，分别占国内禽蛋消费的 19. 50%、52. 76% 和 27. 74%。2014 年三者比例为 20%、50% 和 30%。

作为鸡蛋的主要消费途径，鸡蛋的家庭消费跟城镇化率及人口基数密切相关，人口增加必然会带来鸡蛋消费的增加。农村人口的鸡蛋消费相对于城镇人口平均每人每年要少 3 ~4 千克鸡蛋，所以，随着城镇化进程的推进，城镇人口增加，鸡蛋消费量增多，伴随城镇化进程的不断推进，越来越多的农村人口将转为城镇人口，发达国家城镇化率水平在 75% ~80%，因此，我国城镇化进程还有很大的空间。2000—2010 年，我国城镇化率上升了 13. 46%，禽蛋消费量上升约 622 万吨，长期来看，城镇化率每上升 1%，禽蛋消费量将上升 46 万吨。但近年来城镇化进程有所放缓，鸡蛋需求的增速也会有所放缓。根据中国第六次全国人口普查数据显示：大陆 31 个省、自治区、直辖市和现役军人的人口中，居住在城镇的人口为 6. 65 亿人，占 49. 68%。预计 2014 年鸡蛋总消费量为 1 210. 5 万吨，2015 年鸡蛋总消费为 1 264. 5 万吨。鸡蛋总消费的增速放缓。

此外，根据我国《人口发展“十一五”和 2020 年规划》，未来我国总人口（不含香港、澳门和台湾）每年将净增 800 万 ~1 000

万人，2020 年的人口总量将达到 14.5 亿人，刚性的人口增长将会带来禽蛋消费的持续增长。并且，“单独二胎”政策将使中国每年多增加 100 多万新生儿，而目前每年中国有 1 600 万新生儿诞生。党的十八届五中全会对计生政策进行调整。全会提出，要坚持共享发展，促进人口均衡发展，坚持计划生育的基本国策，完善人口发展战略，全面实施一对夫妇可生育两个孩子政策，积极开展应对人口老龄化行动。根据估算，未来每年平均新增的小孩规模预计将在 250 万左右。这将在一定程度上推升未来鸡蛋需求量。

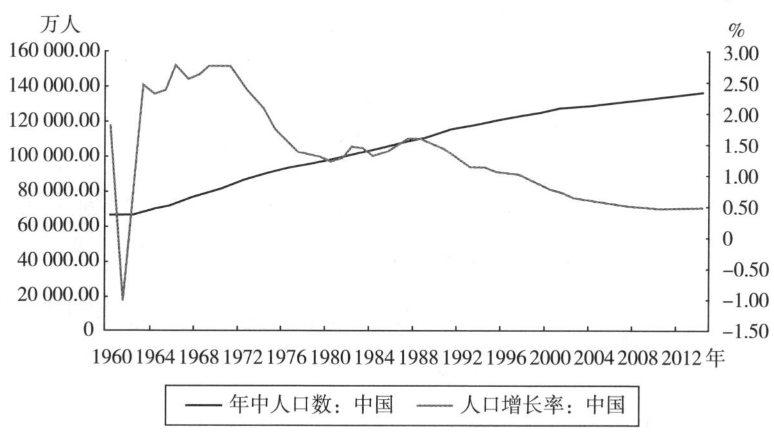

资料来源：Wind、中期研究院。

图 2－42　中国人口数量稳步增长　增速放缓

从禽蛋消费的结构来看，自 2008 年之后，城镇居民禽蛋人均鸡蛋消费数量从 2008 年开始略有下降，但仍较 1991—2007 年间有显著提升，农村地区的禽蛋消费总量保持平稳，但比重出现下降。这是由于禽蛋工业消费和户外消费上升很快，因此城镇地区的禽蛋消费总量比重持续上升。截至 2010 年，中国城乡禽蛋消费量分别为 1 950万吨和 876 万吨，城乡消费比重占到 69%，农村消费比重占 31%。预计到 2015 年，城镇消费比重将进一步上升至 80% 以上。

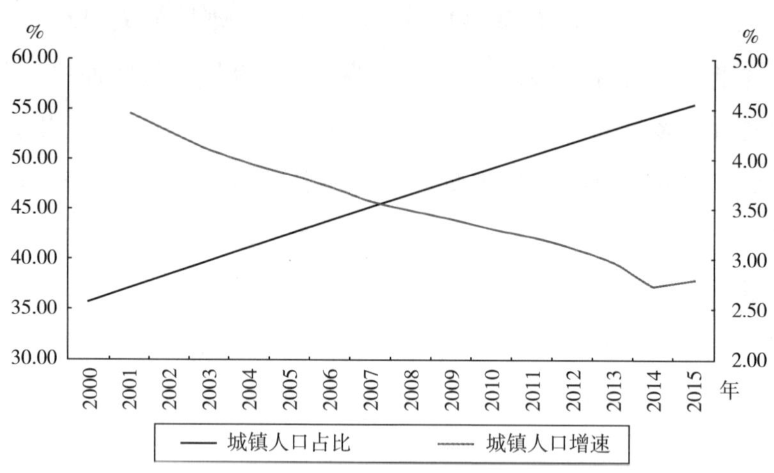

资料来源：Wind、中期研究院。

图2-43 城镇人口占比稳步提高 增速放缓

中国禽蛋消费在区域上是以城镇地区为主，这是因为中国城镇人口可支配收入绝对水平和增长速度均显著高于农村人口，在外用餐机会也更多。2000年至2010年中国农村居民人均禽蛋肉消费量年均增长率为5.09%，而同期中国城镇居民人均禽肉消费量年平均增长率为7.76%。2013年城镇居民鲜蛋购买量为10.59千克，而农村人均禽蛋家庭消费量为6.09千克，将该人口从农村地区转入城市，其禽蛋消费量净增长4.5千克。

对于未来鸡蛋消费的增长点，预计主要在于农村人均消费稳步提高以及城镇化促使农村人口转入城镇提升鸡蛋消费总量。我国农村人均鸡蛋消费量虽已过了高速增长期，但仍有提升空间，参考全国人均鸡蛋消费量增长历史，预计未来农村鸡蛋消费量年均增长将在2.0%附近，此外，未来伴随我国城镇化率进一步提升，越来越多的农村人口转入城市，饮食结构也会随之改变，这部分人口迁移将使我国鸡蛋消费总量出现一定程度的上升。假定2020年我国城镇化率将达到60%，可测算2013—2015年我国鸡蛋总消费量将年均增长1.6%左右。

综上所述，中国禽蛋消费的未来发展趋势为禽蛋家庭消费持续增长，比重下降；而工业消费和户外消费数量和比重同增长；从城乡消费结构看，未来禽蛋消费继续以城镇消费为主，城镇居民家庭人均禽蛋购买量年际间有一定波动性，整体平稳，总消费量继续上升，农村地区家庭人均禽蛋消费量和总消费量持续上升。

表2－2　　中国人口数量变化与对应鸡蛋消费量

指标名称	城镇家庭人均全年购买数量：鲜蛋	农村居民家庭人均主要食品消费量：蛋类及其制品	中国农村人口	中国城镇人口	家庭鸡蛋总消费量
频率	年	年	年	年	年
年份	千克	千克	人	人	万吨
2000	11.21	4.74	809 645 853.35	452 999 146.65	891.9277
2001	10.41	4.72	798 645 489.00	473 204 511.00	869.615
2002	10.56	4.61	786 997 860.00	493 402 140.00	883.6479
2003	11.19	4.66	774 792 224.00	513 607 776.00	935.8437
2004	10.35	4.42	762 182 825.25	533 892 174.75	889.1471
2005	10.40	4.49	749 352 181.60	554 367 818.40	913.1849
2006	10.41	4.75	735 901 746.00	575 118 254.00	948.0641
2007	10.33	4.53	722 214 159.00	595 670 841.00	942.1299
2008	10.74	5.24	708 173 810.00	616 481 190.00	1 032.95
2009	10.57	5.13	693 852 712.00	637 407 288.00	1 029.915
2010	10.00	4.96	679 206 337.00	658 498 663.00	995.5497
2011	10.12	5.31	664 363 135.00	679 766 865.00	1 040.902
2012	10.52	5.76	649 832 871.00	700 862 129.00	1 111.286
2013	10.59	6.09	635 688 202.00	721 691 798.00	1 151.406
2014	10.85	6.50	625 114 376.18	741 375 239.20	1 210.486
2015	11.07	6.88	611 597 727.24	762 063 646.39	1 264.449

数据来源：Wind、中期研究院。

（2）收入水平的影响。

国民总收入快速增长，城镇、农村居民收入稳步增长，但收入差距不断扩大。另一方面，城镇居民可支配收入同比增速开始放缓，而农村居民家庭人均纯收入同比增速出现了下降。这与当前的宏观经济现状，以及农产品价格普遍低迷，农业支持政策调整有很大的关系。

中国"十二五"规划将提高居民收入定为重要目标，提出了居民收入要加速增长、减小收入差距和收入分配向中低收入居民倾斜的目标。居民收入增长将带动禽蛋消费，主要表现在三个方面，一是家庭保洁蛋等初加工禽蛋购买量的增加；二是在外就餐对禽蛋消费量的增加；三是家庭购买蛋糕、饼干等含深加工鸡蛋产品的增加。

从不同收入等级的城镇居民来看，各收入阶层居民的禽蛋购买量差异明显，占居民人数约10%的高收入居民的禽蛋家庭购买量最高，这反映出随着收入的增长，禽蛋消费增长空间巨大。因此随着中国中产阶级人群的扩大以及国家要求中低收入居民的收入增速加快，这部分人群的潜在禽蛋消费需求也将得到快速增长。

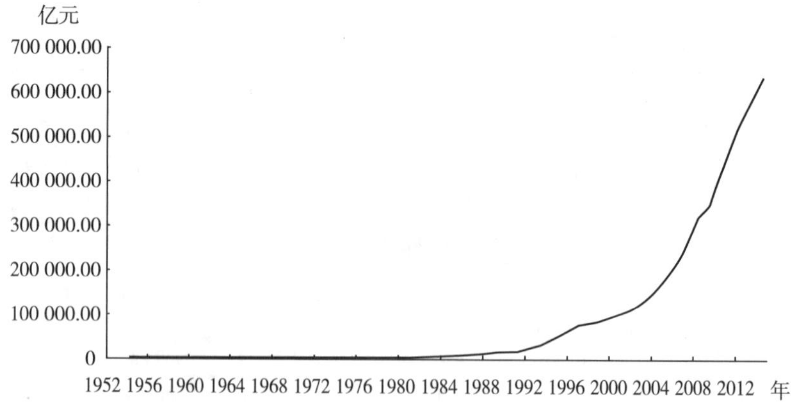

资料来源：Wind、中期研究院。

图2－44　国民总收入快速增长

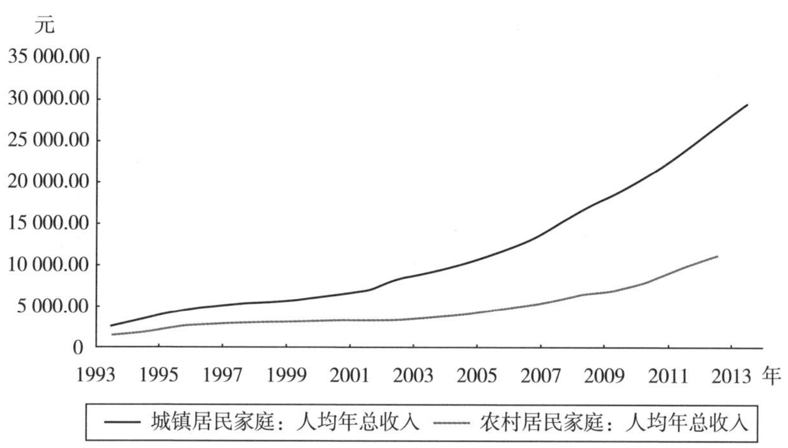

资料来源：Wind、中期研究院。

图 2-45　城镇、农村居民年收入稳步增长　但收入差不断扩大

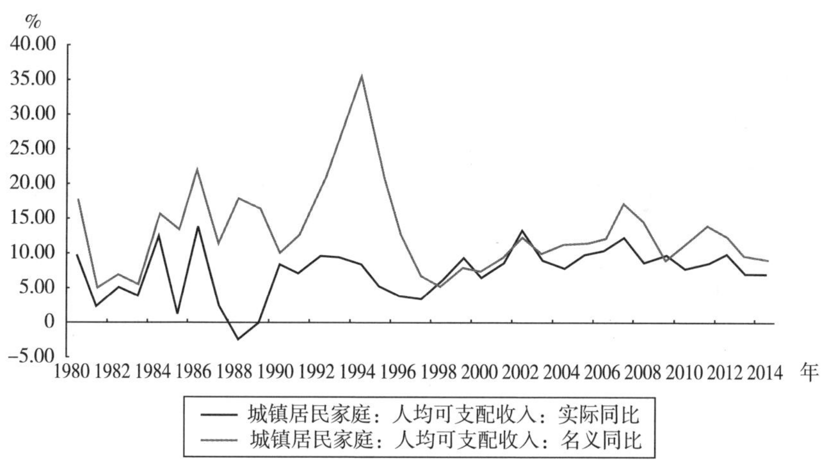

资料来源：Wind、中期研究院。

图 2-46　城镇居民可支配收入增速放缓

（3）生产和需求的季节性规律。

从生产上来看，春季气候逐渐变暖，是鸡群产蛋最适合季节，进入产蛋的旺季，鸡蛋供应量增加，鸡蛋价格下降；夏季气温较高，气候炎热，影响产蛋母鸡的采食量，致使母鸡的产蛋率下降，

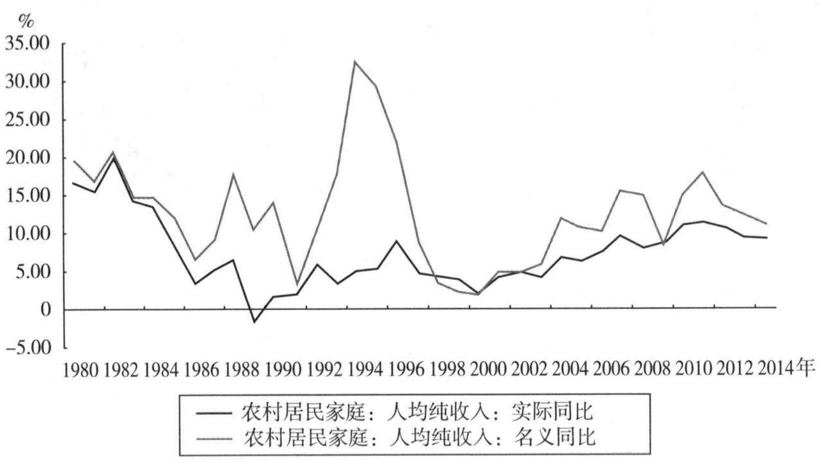

资料来源：Wind、中期研究院。

图 2-47 农村居民人均纯收入出现下降

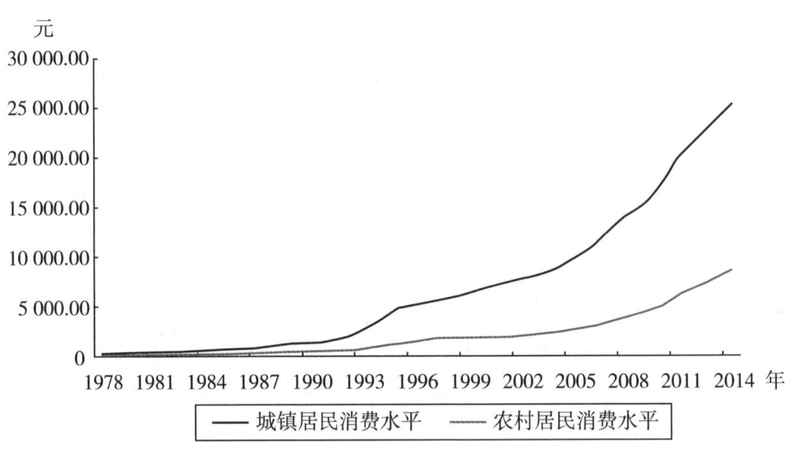

资料来源：Wind、中期研究院。

图 2-48 城镇与农村居民消费水平增长差距不断拉大

进入产蛋的淡季，产蛋量和上市量都会有所下降，供应量减少，鸡蛋价格上升。

从消费来看，作为农副产品，鸡蛋价格具有明显的季节性特征。每年的传统节日，使蛋品市场需求进入一个需求高峰期，鸡蛋价格也会升高。这种阶段性需求的特点，使一年中不同季节鸡蛋销售价格常常不同。体现在元旦和春节前夕，以及中秋、国庆双节备货，使得鸡蛋价格全年高点容易出现在8～9月和1月。重要节日过后，鸡蛋价格往往回落，通常3～5月是鸡蛋价格的全年低点。夏季人们饮食偏清淡，对鸡蛋需求增多，鸡蛋价格升高；反之，冬季则消费量相对减少，蛋价降低。

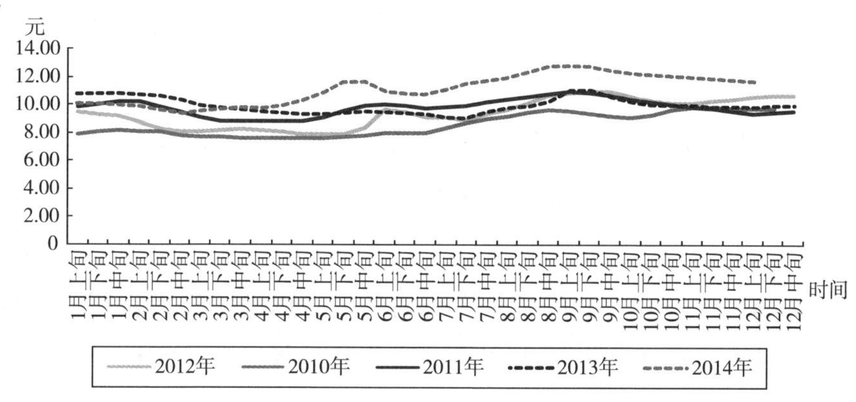

资料来源：Wind、中期研究院。

图2－49　鸡蛋价格季节性走势

（4）鸡蛋及其可替代产品价格行情的影响。

鸡蛋的消费者价格是影响鸡蛋人均主食消费数量最主要的因素。一般来讲，人均主食消费的数量将随着消费者价格的上升而下降，反之则上升。也就是说，鸡蛋的人均消费量与消费者价格之间应存在负相关的关系。同时，鸡蛋的需求价格弹性（需求量变化幅度／价格的变化幅度）应为负值。

尽管鸡蛋是人们的生活必需品，但也有一定的需求弹性。如肉鸡、猪牛羊肉、牛奶、水产品等鸡蛋的替代品的价格变动会影响鸡蛋的需求，一般来讲，在鸡蛋价格不变的情况下，竞争品价格的下跌，会使消费者增加竞争品消费，从而减少鸡蛋消费；反之，居高不下的猪肉和其他肉类价格在一定程度上增加了人们对鸡蛋的消费。鸡蛋的人均消费量与竞争品价格之间存在正相关的关系。

2.3 成本因素

养殖户蛋鸡成本项目一般包括：① 饲料成本；②鸡苗成本；③劳务工资；④ 疾病防治费；⑤燃料费、水电费；⑥固定资产设备、房屋折旧费等；⑦销售费等。其中任何一项变化，都会不同程度地影响鸡蛋的成本变化。在生产成本构成中，饲料支出占总支出的60% ~70%，其中玉米、豆粕价格分别占到总支出的42% ~46%和14% ~17%。第二项是种禽费，占15% ~20%，接下来是疾病防治费和销售费用等。因鸡蛋是出清商品，所以除了鸡蛋价格外，成本因素是决定养殖利润和生产经营决策的另外一项关键因素，成本当中最重要的就是饲料成本的影响。

从一只鸡一生带动的总产值来看，鸡蛋占产出项比重最大，达到87.5%，这个比例会伴随鸡蛋价格的变动而变动。饲料占投入项比例最大，达91.2%。可以说，在不发生重大禽流感等疫情的前提下，鸡蛋价格和饲料成本基本决定了养鸡是否赚钱，即养殖利润。

表2－3 一只鸡一生带动的总产值简表

产出项	价值	占比	投入项	价值	占比
鸡蛋	18公斤×7.6元/公斤=136.8元	87.5%	饲料	50公斤×2.4元/公斤=120元	91.2%
淘汰鸡	2公斤/只×9元/公斤=18元	11.5%	鸡苗	3.5元	2.7%
鸡粪	1.5元/只鸡	0.96%	兽药、疫苗	3元/只鸡	2.3%
			人工、水电	5元/只鸡	3.8%

续表

产出项	价值	占比	投入项	价值	占比
合计	156.3 元	100%	合计	131.5 元	100%
总产值	产出 + 投入 = 287.8 元				
利润	产出 - 投入 = 24.8 元				

2.3.1 饲料成本

养鸡的饲料费用是决定鸡蛋价格的主要成本因素，对养鸡户的影响最大。其中，玉米和豆粕是鸡饲料中能量和蛋白质营养的主要构成原料，分别占全价料（蛋鸡料）的 60% ~65% 和 20% ~25%。玉米和豆粕饲料原料成本的变化将直接影响饲料成本的变化，进而影响鸡蛋价格的波动。而国家农业政策的改变、玉米、豆粕供需情况、饲料行业状况等因素的变化又将直接影响饲料价格的变动趋势。

为了维护粮食安全，保证农民的种粮积极性，2015 年之前玉米临时收储政策每年均稳步提高玉米收购价，这使得国内玉米价格大幅高于玉米进口价格。这些因素均使得蛋鸡饲料价格在 2014 年之前呈现稳步走高并在高位震荡的走势。而 2014 年底以来，由于豆粕价格持续低迷，加上国家宣布降低玉米临时收储价格，同时提出让市场在资源配置中发挥更重要作用，农产品价格更加与国际市场接轨，使得玉米价格一路大幅下跌，与国际玉米价差大幅缩小。配合饲料价格也开始自高位持续回落。从成本端对鸡蛋价格的支撑力度减弱。

（1）玉米价格走势。

2004 年至 2015 年 11 月，玉米价格走势整体可分为七个阶段：

第一阶段是 2004 年 9 月至 2005 年 9 月。玉米期货价格整体先扬后抑，上市后连续 7 个月缓步高走，2005 年 4 月达到 1 327 元/吨，较上市之初上涨 15.9%。随着收获季节的到来，玉米期货价格提前作出反应，开始回落，到 2005 年 9 月，已回落 6.4%。

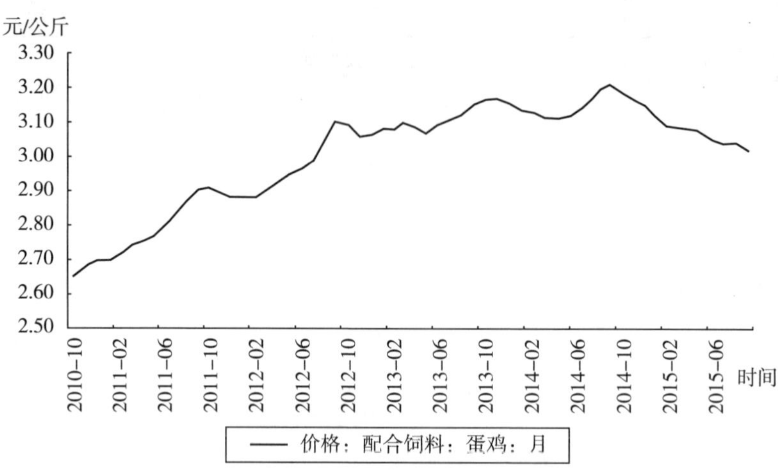

资料来源：Wind、中期研究院。

图 2-50　蛋鸡配合饲料价格

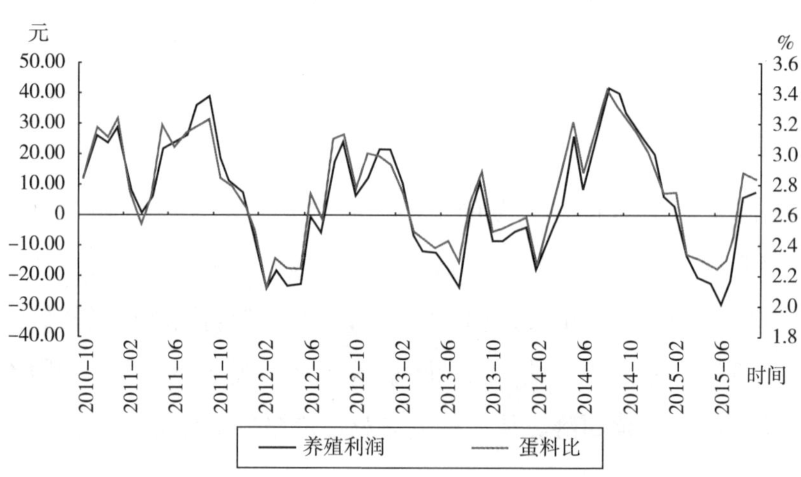

资料来源：Wind、中期研究院。

图 2-51　养殖利润与蛋料比

第二阶段是 2005 年 10 月至 2008 年 8 月。国内外玉米深加工业的良好发展前景和玉米工业属性的延伸拓展了玉米种植的利润空间，国内玉米期货价格跟随 CBOT 玉米走出一波大幅攀升行情，

2008 年 5 月达到 1 933. 4 元/吨的高点。

第三阶段是 2008 年 9 月至 2009 年 1 月。国际金融危机爆发，引发全球经济的系统性风险，加之玉米现货受到下游企业限产停产的负面影响，玉米期货价格一路下跌，到 2008 年 12 月，跌至 1 502. 4元/吨。

第四阶段是 2009 年 2 月至 2011 年 9 月。受国家应对金融危机的积极财政政策和玉米临时收储政策影响，国内玉米现货价格不断走高，期货价格总体也呈上升态势。玉米期货价格指数自 2009 年 1 月末的 1 600 元/吨攀升至 2011 年 9 月末的 2 292 元/吨，涨幅高达 43. 3%。

第五阶段是 2011 年 10 月至 2015 年 3 月。国家陆续出台限制玉米深加工政策，国内饲养和深加工企业需求不旺，玉米市场弱势整理，期货价格指数在 2 200 ~2 400 元/吨展开窄幅震荡，同期玉米期现基差倒挂。

第六阶段是 2015 年 3 月至 2015 年 10 月中旬。供大于求、需求低迷、库存大、市场预期国家将下调玉米临时收储价格或改为直接补贴，玉米价格经历了一波较大的趋势性下跌行情，C1601 和 1605 最低分别跌至 1 863 元/吨和 1 760 元/吨。

第七阶段：2015 年 10 月中旬至今，触底反弹。

（2）豆粕价格走势。

由于我国大豆压榨主要依赖于进口大豆，大豆进口量和进口依赖度逐年提升，决定了国内豆粕价格走势主要受美国大豆价格的影响。比如 2012 年，美国大豆产区遭遇大旱，导致大豆供应受到严重影响，美豆大幅走高，带动国内豆粕价格大幅走高。而近年来，美国及南美大豆丰产，导致美豆和豆粕价格进入熊市。美豆跌破 900 美元/蒲式耳，国内豆粕价格跌破 2 500 元/吨，远月豆粕价格更是跌破 2 400 元/吨。

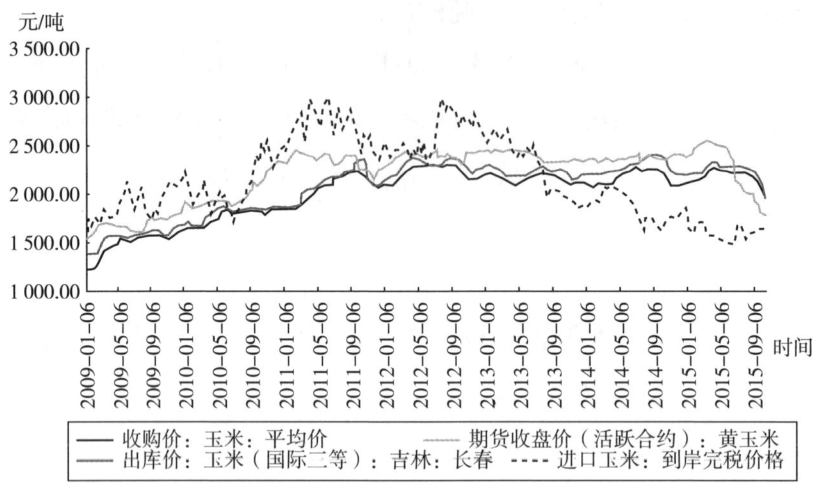

资料来源：Wind、中期研究院。

图 2-52　饲料原料玉米期现货价格走势

资料来源：Wind、中期研究院。

图 2-53　饲料原料豆粕期现货价格走势

2.3.2　鸡苗费用

蛋鸡苗价格与鸡蛋价格、养殖利润呈显著的正相关关系，也就是说，鸡蛋价格上涨，养殖户补栏积极性上升，蛋鸡苗需求增加，价格走高。鸡蛋价格走低，养殖户补栏积极性降低，蛋鸡苗需求减少，价格走低。

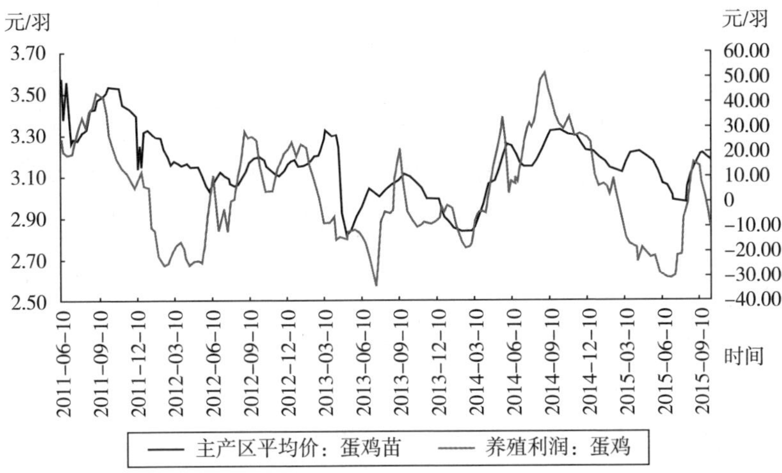

资料来源：Wind、中期研究院。

图 2－54　蛋鸡苗价格与养殖利润

资料来源：Wind、中期研究院。

图 2－55　蛋鸡苗价格与鸡蛋大宗价格

2.4 禽流感疫情

禽流感是否集中爆发是影响鸡蛋行情的重要因素，通过以往禽流感等疫病爆发时期鸡蛋价格的表现，我们发现，如果疫情一旦爆发，短期对鸡蛋需求影响很大，现货和期货也会在短期内出现下跌的行情。通过对过去十年鸡蛋价格的回顾分析，禽流感时期鸡蛋价格下跌概率大，特别是零售价格。随后由于捕杀和控制补栏也造成蛋鸡供给量的减少，后期一旦需求恢复，鸡蛋价格也会随之反弹。因此，短期来看，疫情爆发鸡蛋行业价格会在短时期内下跌。而长期来看，由于捕杀和补栏数量下降，未来半年国内蛋鸡存栏量可能不足，最终会导致禽流感过后国内鸡蛋供应偏紧，鸡蛋期现价格将出现较大幅度的上涨。也就是说，从中长期看，禽流感对于鸡蛋供给端的影响要大于需求端。

此外，禽流感对鸡蛋价格的影响还表现为：（1）致使部分活禽市场关闭，短期影响淘汰鸡销售，减缓蛋鸡淘汰，致使短期存栏量维持相对较高水平。（2）影响肉鸡苗价格，使得肉种蛋孵化量小，转为商品蛋销售，增加鸡蛋供应量。2014 年 4 ~ 12 月都出现了这种情况。（3）禽流感对消费者禽类产品采购心理有影响，影响鸡蛋消费。禽流感如在禽类产区感染范围扩大，将在感染地区周边引发淘汰，并将显著影响一段时间内的补栏，影响存栏变化。

表 2 - 4　　近年来禽流感爆发情况

爆发时间	类型	发病人数	死亡人数
2003 年 11 月	H5N1	1	1
2005 年 11 ~ 12 月	H5N1	6	4
2006 年 1 ~ 4 月	H5N1	10	7
2006 年 8 月	H5N1	1	1

续表

爆发时间	类型	发病人数	死亡人数
2007 年 1～5 月	H5N1	3	3
2007 年 12 月	H5N1	2	1
2008 年 2 月	H5N1	1	1
2009 年 1 月	H5N1	8	5
2010 年 6 月	H5N1	1	1
2011 年 11～12 月	H5N1	2	1
2012 年 1 月	H5N1	1	1
2013 年 3～5 月	H7N9	143	44
2013 年 7～8 月	H7N9	2	1
2013 年 10 月	H7N9	2	0
2013 年 11 月	H7N9	3	1
2013 年 12 月至今	H7N9	5	0

3. 鸡蛋价格波动影响因子的作用机理实证分析

3.1 鸡蛋价格波动特征分析

3.1.1 数据处理

为了数据的一致性与可比性，采用居民消费价格指数定基数据（CPI，上年同月 =100），对 2000 年 1 月到 2015 年 9 月的鸡蛋大宗价格，2004 年 6 月至 2015 年 9 月的鸡蛋零售价格数据进行定基调整，去除通胀的影响。

3.1.2 价格波动特征分析

（1）鸡蛋价格波动情况。

由图 3 –1 和图 3 –2 可以看出通货膨胀引起鸡蛋价格上升的因素并不大，因为去除 CPI 的影响后，鸡蛋大宗价格和零售价格均与可比价格曲线间的差距不大，这和我们在第 2 章中论述的鸡蛋价格更多的是受到自身供需因素的影响相一致。

从 2000 年 1 月至 2015 年 9 月的鸡蛋大宗价格趋势图来看，波动比较复杂，呈现明显的周期性波动规律，总体上呈现上升趋势，但步入 2015 年，趋势有转为向下的倾向。2000 年 4 月低至 3.3 元/千克，2014 年 8 月高达 10.72 元/千克（去除通货膨胀的影响）。如果考虑通货膨胀的影响，在所考察的时间周期内鸡蛋月度价格的最低点和最高点同样出现在 2006 年 5 月和 2014 年 8 月，最低点和最高点分别为 3.29 元/千克和 10.93 元/千克，这与现价曲线出现波谷和波峰的时间是一致的。

从 2004 年 6 月至 2015 年 9 月的鸡蛋零售价格趋势图来看，波动比较复杂，也同样呈现明显的周期性波动规律，总体上呈现上升趋势，零售价格尚未出现明显转向迹象。2006 年 5 月低至 5.32 元/千克，2014 年 10 月高达 11.29 元/千克（未考虑通货膨胀的影响）。如果考虑通货膨胀的影响，在所考察的时间周期内鸡蛋月度价格的最低点和最高点同样出现在 2006 年 5 月和 2014 年 10 月，去除 CPI 影响的最低点和最高点分别为 5.30 元/千克和 11.18 元/千克，这与现价曲线出现波谷和波峰的时间是一致的。

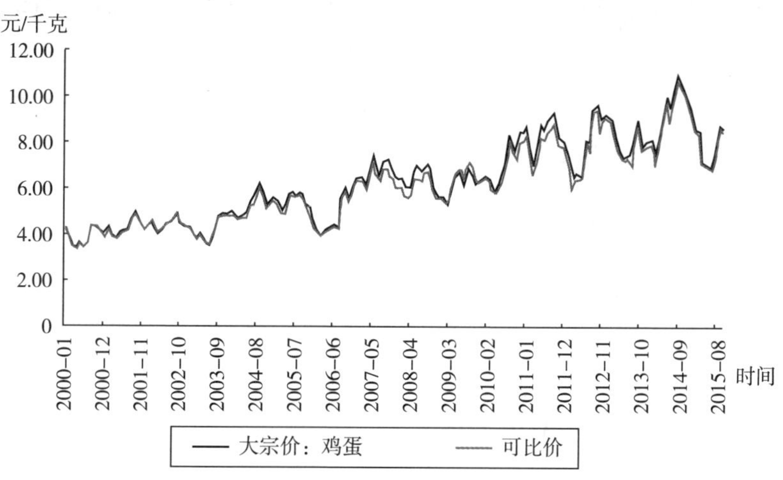

资料来源：Wind、中期研究院。

图 3-1 鸡蛋大宗价格与可比（去除 CPI 影响）价格

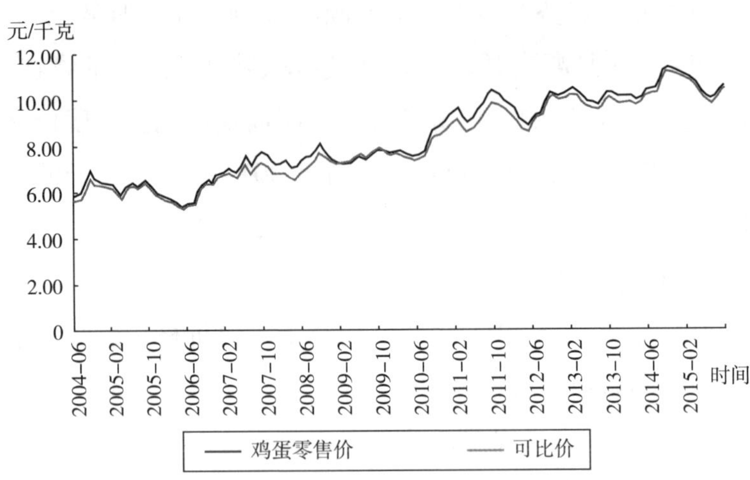

资料来源：Wind、中期研究院。

图 3-2　鸡蛋零售价格与可比（去除 CPI 影响）价格

（2）X12 季节调整法分析鸡蛋价格波动特征。

在去除通胀的基础上，进行 X12 季节调整。X12 季节调整法是美国官方对公布的经济实践序列数据进行季节调整的标准方法，它完全可用于时间序列中各种周期性成分的识别和提取。该方法的核心思想是：时间序列 Yt 是由四种成分构成的，分别是趋势成分 T（Trend）、季节成分 S（Seasonal）、周期成分 P（Periodicity）和不规则成分 I（Irregular Variations）。图 3-3 的四张图分别展示了鸡蛋大宗价格（图中用 DZJD 表示）的四种成分的序列特征。这些成分通过不同组合方式影响时间序列的发展变化。时间序列的季节调整法从这个角度出发理解时间序列的构成因素，并将其转化成可以量化的季节模型。通过季节模型能够反映出时间序列在一个周期内所呈现的典型状态，而这种状态在不同周期以基本的形态出现。

（3）H-P 滤波法分析鸡蛋价格周期特征。

为了量化地得到鸡蛋价格波动的周期特征，本书在研究上采用

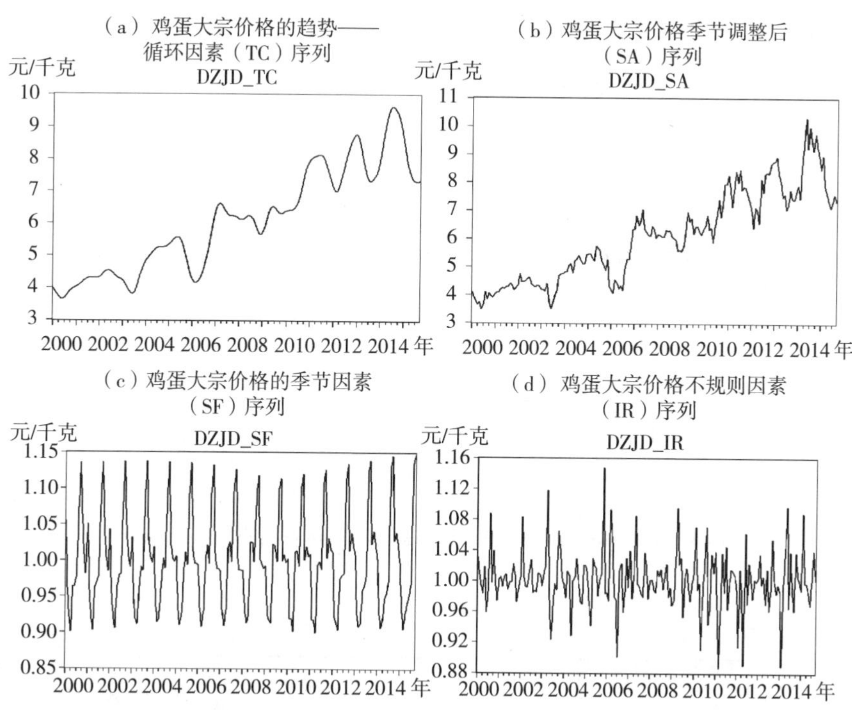

资料来源：中期研究院。

图 3－3　鸡蛋大宗价格的季节调整结构

H－P 滤波分析法，分别对鸡蛋大宗价格、零售价格进行趋势分解，分别得到鸡蛋大宗价格、零售价格的趋势成分和周期成分（详见图 3－4、图 3－5）。深色曲线表示鸡蛋价格数据为去除 CPI 影响的鸡蛋价格。较平滑曲线表示鸡蛋价格的趋势线。变化幅度较大的曲线表示鸡蛋价格的波动情况。H－P（Hodrick－Prescott）滤波法是将时间序列的趋势成分去除。时间序列经过对称移动平均和高阶移动平均，通过多次迭代，可分离出原序列 Yt 的趋势成分、季节成分和不规则成分，得到剔除季节成分调整后的序列 Yt′。由于趋势成分和周期成分在季节调整中被视为一体，因此需要将趋势成分和周期成分分开。

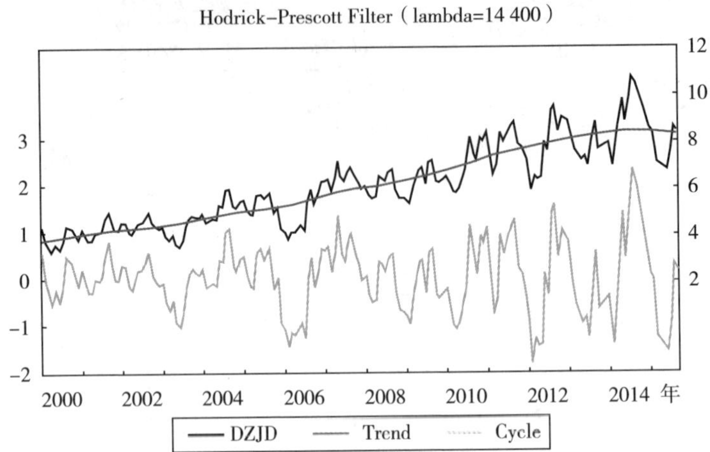

图 3－4　运用 H－P 滤波法对鸡蛋大宗价格进行趋势分解

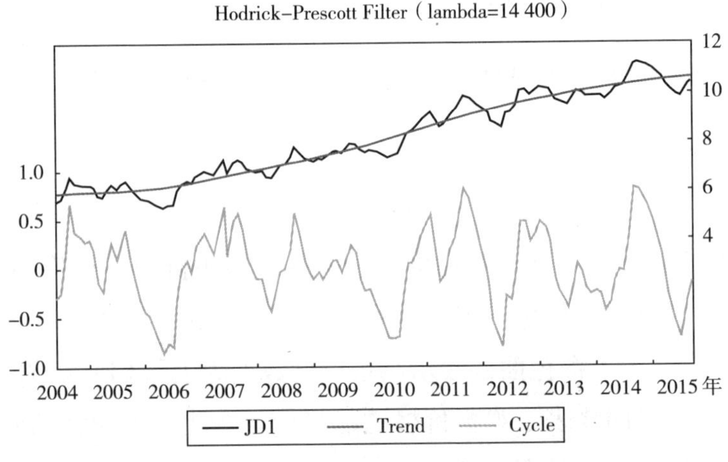

图 3－5　运用 H－P 滤波法对鸡蛋零售价格进行趋势分解

从趋势分解的结果来看，鸡蛋价格长期主要表现为一种趋势增长，这与居民收入与支出趋势性增长是一致的（后文论述），但通过短期波动研究发现，鸡蛋价格存在周期性波动，且个别年份波动明显。

为了更清楚地得出波动情况，用变异率来表示短期波动的强度，即按照某一方法将长期趋势剔除，剩余部分即为鸡蛋价格的短期波动情况。用变异率能够克服增长率指标的缺陷，准确反映特定时点上经济变量的稳定程度。我们用新发地农副批发市场的鸡蛋大宗价格作进一步分析，通常用（鸡蛋价格的实际值 - 趋势值）与鸡蛋价格实际值的比值来表示变异率。其中鸡蛋价格的实际值为图 3 -4 中鸡蛋的实际价格（去除 CPI 的影响），趋势值为图 3 -4 中鸡蛋价格的趋势线上的数值。最终得出 2000 年 1 月到 2015 年 9 月各年大宗价格的变异率曲线图（详见图 3 -6）。从中我们可以很直观地看出鸡蛋价格的变动幅度。把鸡蛋价格的波动周期定义为两个波峰年之间的循环，从变异率下降年开始，至变异率回升至峰顶年止，为一个波动周期，每个周期内波峰值与波谷值的落差称为周期的振幅。

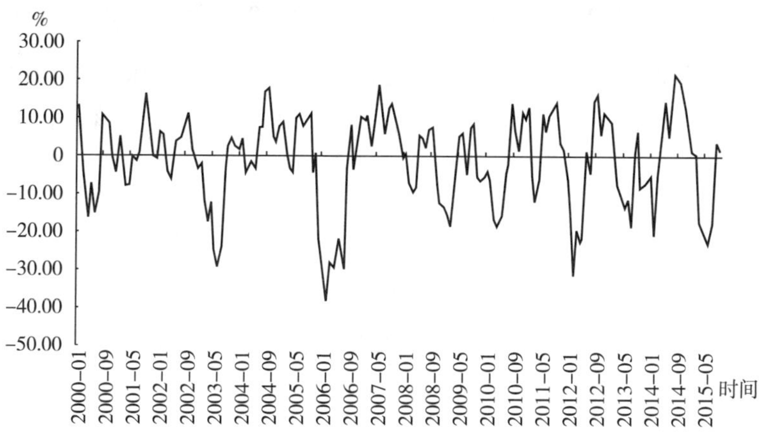

资料来源：Wind、中期研究院。

图 3 -6　鸡蛋大宗价格变异率

本书按照如下标准来识别周期：每次波动变异率的“峰—谷”变异率落差大于 15%；每次波动变异率的“峰—谷”变异率落差和“谷—峰”落差都大于 5%，且波峰大于零，波谷小于零。这样，可以将这期间的鸡蛋价格波动情况划分为14个周期：

（1）2000年1月至2000年8月，历时7个月，振幅为29.24%；

（2）2000年8月至2001年9月，历时13个月，振幅为18.68%；

（3）2001年9月至2002年9月，历时12个月，振幅为22.36%；

（4）2002年9月至2004年9月，历时24个月，振幅为41.16%，且2013年2月至7月连续6个月为-10%以上；

（5）2004年9月至2005年9月，历时12个月，振幅为22.5%；

（6）2005年9月至2007年5月，历时20个月，振幅为41.43%，2005年12月至2006年7月连续8个月超过-20%；

（7）2007年5月至2008年9月，历时16个月，振幅为28.56%；

（8）2008年9月至2009年9月，历时12个月，振幅为26.66%；

（9）2009年9月至2010年8月，历时11个月，振幅为27.31%；

（10）2010年8月至2011年9月，历时13个月，振幅为25.96%；

（11）2011年9月至2012年9月，历时12个月，振幅为45.55%，2012年2月至5月连续4个月超过-19%；

（12）2012年9月至2013年9月，历时12个月，振幅为35.2%；

（13）2013年9月至2014年8月，历时11个月，振幅为27.13%；

（14）2014年8月至2015年8月，历时12个月，振幅为44.64%。

我们从以上的周期划分可以看出，鸡蛋波动规律非常明显：首先，鸡蛋波动幅度很大，基本上1年就是一个周期，一般振幅均超过20%以上，其次，3～4年经历一次大的波动，波动幅度超过40%，这一般都是受到强烈的外部冲击（比如禽流感）所致，导致供需严重失衡。最后，各周期的波谷基本集中在4月、5月。研究发现最长的周期为24个月，最短的为7个月。

3.2 鸡蛋价格影响因素的主成分分析与因子分析

通过第2章的论述，我们知道影响鸡蛋价格的因素有很多，这样，为了不丢失可能重要的因子，我们在建立多元回归计量模型时就会在模型中包含较多的相关解释变量，这不仅会使得问题分析变得复杂，而且变量之间可能存在多重共线性，使数据提供的信息发生重叠。为了解决这些问题，需要采用降维的思想，将所有指标的信息通过少数几个指标来反映，在低维空间将信息分解为互不相关的部分以获得更有意义的解释。我们主要通过主成分分析和因子分析来解决这一问题。

3.2.1 指标选择与数据处理

为方便比较和分析，将下表中的指标进行必要的数据处理，均转化成月数据，选取的数据起止时间为2010年5月～2014年12月，共56组数据。

表3－1　　鸡蛋大宗价格因子分析指标选择与数据处理

指标类型	指标名称	数据处理
鸡蛋大宗价格	新发地鸡蛋大宗价格（Y）	周数据降频至月均数据
宏观经济因素	不变价GDP增长率（X1）	季度数据复制法升频至月
	采购经理人指数（X2）	本身为月数据
货币因素	M_2 增速（X3）	本身为月数据
	美元指数（X4）	日数据降频至月均

续表

指标类型	指标名称	数据处理
通胀因素	CPI 当月同比（X5）	本身为月数据
	CPI 猪肉分项当月同比（X6）	本身为月数据
	全国大中城市生猪出场价格（X7）	周数据降频至月均
供给因素	蛋鸡存栏量（X8）	本身为月数据
	后备鸡存栏量（X9）	本身为月数据
需求因素	年中人口数（X10）	年数据递增法升频至月数据
	人口增长率（X11）	年数据复制法升频至月数据
	国民总收入（X12）	年数据分拆法升频至月数据
	居民消费水平（X13）	年数据分拆法升频至月数据
成本因素	43%蛋白豆粕现货平均价格（X14）	日数据降频至月均数据
	玉米全国现货平均价格（X15）	日数据降频至月均数据
	玉米到港完税价格（X16）	日数据降频至月均数据

3.2.2 结果分析

我们运用 EViews 6.0 实现因子分析过程，从表 3－2 至表 3－4 的分析结果，我们得出以下结论：

（1）我们选取了 16 个解释变量，这 16 个解释变量可以用 3 个公因子代替，3 个公因子对原始变量方差的累计贡献率为 1，可见通过因子分析实现了将 16 维数据变量降至 3 维的目的。F1 主要是体现总体消费能力的人口数、国民总收入、消费支出以及成本因素，F2 主要反映通胀因素，F3 主要反映供给因素。

（2）但表 3－2 的分析结果显示，一致性估计非正，因此，我们去掉 2 个解释变量 X12、X13，保留 14 个解释变量。再次运行因子分析，结果见表 3－5 至表 3－7。这次运行结果解决了上述问题。

（3）从表 3－2 各公因子的载荷可以看出，代表需求因素的 X10 人口数、X11 人口增长率、X12 国民总收入、X13 居民消费水平以及代表成本的 X14 豆粕现货平均价、X16 玉米现货平均价在 F1 上有较高的载荷。从表3－5各公因子的载荷可以看出，代表需求因素的X10人口数、X11人口增长率以及代表成本的X14豆粕现货平均价、X16玉米现货平均价在F1上有较高的载荷。

（4）从表3－2各公因子的载荷可以看出，代表通胀因素的X6 CPI猪肉分项、X5 CPI和X7生猪出场价格在F2上有较高的载荷。从表3－5各因子的载荷可以看出，X6、X7、X16，即通胀因素和成本因素在F2上有较高的载荷。

（5）从表3－2看出，X8蛋鸡存栏量，X7生猪出场价格，X15全国玉米平均价格，在F3上有较高的载荷。尤其是X8蛋鸡存栏量，代表了供给因素。表3－5反映出相似结果。

（6）采用最大方差旋转法进行因子旋转，结果见表3－3和表3－6，表3－3的结果表明：代表总需求因素的X10至X13在F1上有较高的载荷，代表通胀因素的X6、X5、X7在F2上有较高的载荷，代表供给因素的X8在F3上有较高的载荷。表3－6的结果表明，代表总需求因素的X10、X11，以及代表成本的X16在F1上有较高的载荷，代表通胀因素的X6，X5，X7在F2上有较高的载荷，代表供给因素的X8蛋鸡存栏量，代表成本的X15在F3上有较高的载荷。

表3－2　　大宗鸡蛋价格因子分析结果（1）

	未旋转公共因子载荷			共同度	特殊因子
	F1	F2	F3		
Y	0.394934	0.219015	－0.291225	0.288753	0.711247
X1	－0.892115	0.258832	－0.128773	0.879445	0.120555
X2	－0.564098	0.117388	－0.309082	0.427518	0.572482
X3	－0.716465	－0.212674	－0.250232	0.621169	0.378831
X4	0.331833	－0.632150	－0.365348	0.643205	0.356795
X5	－0.653474	0.704001	0.227570	0.974434	0.025566

续表

	未旋转公共因子载荷			共同度	特殊因子
	F1	F2	F3		
X6	-0.465223	0.802627	0.255044	0.925690	0.074310
X7	-0.034358	0.565658	0.590691	0.670065	0.329935
X8	0.185555	-0.529569	0.800317	0.955382	0.044618
X9	-0.671124	-0.107232	0.411998	0.631649	0.368351
X10	0.971543	-0.057786	-0.086194	0.954664	0.045336
X11	0.885659	-0.041088	-0.402370	0.947981	0.052019
X12	0.999922	-0.007690	0.007034	0.999953	4.71E-05
X13	1.000000	6.63E-15	6.11E-16	1.000000	0.000000
X14	0.585117	-0.400498	0.250981	0.565753	0.434247
X15	-0.419727	0.115116	0.566899	0.510798	0.489202
X16	0.710264	0.057140	0.317019	0.608241	0.391759
公因子	方差	累积贡献度	相应特征值与后一项的差	贡献比例	累积贡献率
F1	7.774103	7.774103	5.266778	0.616762	0.616762
F2	2.507326	10.28143	0.184056	0.198920	0.815682
F3	2.323269	12.60470	—	0.184318	1.000000
合计	12.60470	30.66023		1.000000	
	模型	独立性	饱和度		
离散度	9.264043	37.31087	0.000000		
卡平方统计量	509.5223	2 052.098	—		
卡平方概率	0.0000	0.0000	—		
巴特利特卡平方	430.7780	1 809.577			
巴特利特概率	0.0000	0.0000			
参数	65	17	153		
自由度	88	136			

警告：Heywood 现象的解决（当某潜在变量的某一观测变量的误差值为负值时）。

结果解释起来要谨慎。

表 3－3　　大宗鸡蛋价格因子分析结果（2）

旋转载荷：L×旋转（T）*			
	F1	F2	F3
Y	0. 419684	－0. 025041	－0. 334651
X1	－0. 827782	0. 330539	－0. 291489
X2	－0. 540619	0. 061120	－0. 362647
X3	－0. 752739	－0. 165652	－0. 164657
X4	0. 187801	－0. 779700	－0. 001968
X5	－0. 493720	0. 837040	－0. 173315
X6	－0. 288892	0. 899120	－0. 183887
X7	0. 098608	0. 773138	0. 250199
X8	0. 106118	－0. 110192	0. 965390
X9	－0. 664017	0. 230863	0. 370719
X10	0. 937505	－0. 274939	0. 012547
X11	0. 845391	－0. 394453	－0. 278750
X12	0. 978481	－0. 192999	0. 072657
X13	0. 979820	－0. 189746	0. 062846
X14	0. 503463	－0. 335986	0. 446533
X15	－0. 368449	0. 447798	0. 417756
X16	0. 718447	0. 064892	0. 296419
旋转因子相关性：T×T			
	F1	F2	F3
F1	1. 000000		
F2	2. 90E－17	1. 000000	
F3	－2. 75E－18	－5. 90E－17	1. 000000
初始因子旋转矩阵：T－0			
	F1	F2	F3
F1	1. 000000	0. 000000	0. 000000
F2	0. 000000	1. 000000	0. 000000
F3	0. 000000	0. 000000	1. 000000

续表

因子旋转矩阵：T			
	F1	F2	F3
F1	0. 979820	-0. 189746	0. 062846
F2	0. 196692	0. 859327	-0. 472089
F3	0. 035572	0. 474924	0. 879308
载荷旋转矩阵：旋转（T）*			
	F1	F2	F3
F1	0. 979820	-0. 189746	0. 062846
F2	0. 196692	0. 859327	-0. 472089
F3	0. 035572	0. 474924	0. 879308
初始旋转目标：6. 648906			
最终旋转目标：5. 789701			

表 3-4　　大宗鸡蛋价格因子分析结果（3）

因子得分总结

方法：回归分析（旋转载荷）

样本区间：2010 年 5 月至 2014 年 12 月

包含 56 个观测值

因子系数	F1	F2	F3
Y	0. 000957	-0. 000828	-0. 017417
X1	0. 009104	0. 026711	-0. 061297
X2	0. 000273	-0. 005410	-0. 020593
X3	-0. 003660	-0. 024071	-0. 015607
X4	-0. 010108	-0. 056683	-0. 013553
X5	0. 147541	0. 753461	-0. 025421
X6	0. 057792	0. 294466	-0. 011968
X7	0. 010869	0. 069385	0. 040025
X8	-0. 033946	0. 071079	0. 743849
X9	9. 13E-05	0. 014079	0. 041084
X10	-0. 008857	-0. 061951	-0. 048949
X11	-0. 014417	-0. 157594	-0. 251036
X12	-0. 599949	-0. 793469	6. 958027

续表

因子系数	F1	F2	F3
X13	1.741809	1.457832	-6.842783
X14	-0.003749	-0.009309	0.030341
X15	0.002735	0.026123	0.036228
X16	0.001819	0.017845	0.025516
不确定性分析	回归系数 - R	拟合系数	最小相关度
F1	0.999492	0.998984	0.997968
F2	0.986358	0.972902	0.945805
F3	0.982258	0.964830	0.929661
有效性系数	有效性系数		
F1	0.999492		
F2	0.986358		
F3	0.982258		

表 3-5　大宗鸡蛋价格因子分析结果（4）（去除 X12、X13）

	未旋转公共因子载荷			共同度	特殊因子
	F1	F2	F3		
Y	-0.339569	0.307243	-0.303923	0.302075	0.697924
X1	0.925003	-0.295187	-0.151405	0.965690	0.034311
X2	0.542823	-0.389943	-0.298228	0.535653	0.464345
X3	0.570017	-0.691787	-0.063280	0.807493	0.192505
X4	-0.601435	-0.498980	-0.058841	0.614167	0.385834
X5	0.909397	0.356920	-0.095439	0.963504	0.036496
X6	0.787722	0.542213	-0.167778	0.942650	0.057352
X7	0.301719	0.834961	0.252489	0.851945	0.148054
X8	-0.272231	0.050430	0.845804	0.792037	0.207960
X9	0.618204	-0.146237	0.515122	0.668913	0.331086
X10	-0.900771	0.291356	-0.181582	0.929248	0.070751
X11	-0.867958	0.124058	-0.422339	0.947112	0.052889
X14	-0.638549	-0.017845	0.325817	0.514220	0.485780
X15	0.488976	0.208406	0.571825	0.609513	0.390486
X16	-0.627307	0.628402	0.218918	0.836328	0.163672

续表

公因子	方差	累积贡献度	相应特征值与后一项的差	贡献比例	累积贡献率
F1	6. 552163	6. 552163	3. 809631	0. 580837	0. 580837
F2	2. 742532	9. 294696	0. 756682	0. 243121	0. 823958
F3	1. 985850	11. 28055	—	0. 176042	1. 000000
合计	11. 28055	27. 12740		1. 000000	
	模型	独立性	饱和度		
离散度	5. 645277	22. 27464	0. 000000		
卡平方统计量	310. 4902	1 225. 105	—		
卡平方概率	0. 0000	0. 0000	—		
巴特利特卡平方	266. 2689	1 095. 170	—		
巴特利特概率	0. 0000	0. 0000	—		
参数	57	15	120		
自由度	63	105	—		

表 3－6　　大宗鸡蛋价格因子分析结果（5）（去除 X12、X13）

旋转方法：正交方差旋转法

初始载荷：未旋转

旋转载荷：L×旋转（T）*			
	F1	F2	F3
Y	0. 437340	0. 014549	－0. 332561
X1	－0. 887078	0. 417079	－0. 069479
X2	－0. 681064	0. 098035	－0. 249385
X3	－0. 890535	－0. 119460	－0. 013021
X4	0. 098022	－0. 769476	－0. 111649
X5	－0. 429755	0. 882378	－0. 014962
X6	－0. 219683	0. 940663	－0. 097688
X7	0. 361741	0. 802290	0. 278242
X8	0. 288049	－0. 197479	0. 818576
X9	－0. 518472	0. 279370	0. 567496
X10	0. 845257	－0. 383595	－0. 260084
X11	0. 692235	－0. 469955	－0. 497056
X14	0. 476335	－0. 464016	0. 268355
X15	－0. 179684	0. 449275	0. 612682
X16	0. 899522	0. 024862	0. 163000

续表

旋转因子相关性：T×T			
	F1	F2	F3
F1	1.000000		
F2	-4.53E-17	1.000000	
F3	7.85E-18	1.92E-16	1.000000
初始因子旋转矩阵：T-0			
	F1	F2	F3
F1	1.000000	0.000000	0.000000
F2	0.000000	1.000000	0.000000
F3	0.000000	0.000000	1.000000
因子旋转矩阵：T			
	F1	F2	F3
F1	-0.731998	0.675600	0.088002
F2	0.678245	0.734836	0.000216
F3	0.064521	-0.059845	0.996120
载荷旋转矩阵：旋转（T）*			
	F1	F2	F3
F1	-0.731998	0.675600	0.088002
F2	0.678245	0.734836	0.000216
F3	0.064521	-0.059845	0.996120
初始旋转目标：6.332032			
最终旋转目标：5.399837			

表 3-7　大宗鸡蛋价格因子分析结果（6）（去除 X12、X13）

因子系数	F1	F2	F3
Y	0.013703	0.011764	-0.034817
X1	-0.468976	-0.043912	-0.323242
X2	-0.035534	-0.013735	-0.049608
X3	-0.123884	-0.084839	-0.023218
X4	-0.024437	-0.049124	-0.013498
X5	0.063862	0.483184	-0.183103
X6	0.139871	0.394997	-0.218013

续表

因子系数	F1	F2	F3
X7	0.148735	0.175273	0.136540
X8	0.037627	-0.021381	0.319772
X9	-0.018706	-0.007253	0.124526
X10	0.199225	0.044438	-0.214369
X11	0.151049	-0.009212	-0.645484
X14	0.012592	-0.013674	0.051710
X15	0.012534	0.017980	0.116744
X16	0.142580	0.081183	0.102028
不确定性分析	回归系数-R	拟合系数	最小相关度
F1	0.987555	0.975265	0.950531
F2	0.986354	0.972894	0.945788
F3	0.959845	0.921302	0.842604
有效性系数	有效性系数		
F1	0.987555		
F2	0.986354		
F3	0.959845		
估计得分相关性	F1	F2	F3
F1	1.000000		
F2	-0.015156	1.000000	
F3	-0.004660	0.004318	1.000000
因子相关度	F1	F2	F3
F1	1.000000		
F2	-4.53E-17	1.000000	
F3	7.85E-18	1.92E-16	1.000000

3.3 鸡蛋价格影响因素作用机理实证分析

在第2章和第3章分析的基础上，为了进一步揭示鸡蛋价格波动的原因，我们对鸡蛋价格影响因素作用机理作实证分析。

3.3.1 模型、变量选择与数据处理

（1）模型选择。

向量自回归模型（简称 VaR 模型）常常用于分析不同类型随机变量扰动项对系统变量的动态影响。因此，我们采用 VaR 模型，主要运用脉冲响应分析和方差分解等方法，分析不同因素对生猪价格波动的影响途径和影响程度。我国生猪价格的波动存在很强的时间趋势性，不满足时间序列的平稳性条件，若直接进行回归，可能会产生“伪回归”问题，即虽然模型有较高的拟合度及显著的 t 统计量，但模型所反映的变量关系并不存在。为了避免直接对非平稳的时间序列采用 VaR 模型分析时可能产生“伪回归”现象，在进行计量分析之前，需要对各变量进行平稳定检验，在确定各个变量平稳的前提下，再进行协整检验，然后才可以进行脉冲响应分析和方差分解。

VaR 模型最早是 1980 年，由 C. A. Sims 引入计量经济学中，它以数据统计性质为基础，把某一经济系统中的每一变量作为所有变量的滞后变量的函数来构造模型，是一种处理具有相关关系的多变量的分析和预测、随机扰动对系统的动态冲击的最方便的方法。

设 VaR 模型如下：

滞后阶数为 p 的 VaR 模型表达式为

$$Y_t = A_1 Y_{t-1} + A_2 Y_{t-2} + \cdots + A_p Y_{t-p} + B X_t + \mu_t \qquad (3.1)$$

其中，Y_t 为 k 维内生变量向量；X_t 为 d 维外生变量向量；μ_t 是 k 维误差向量，A_1，A_2，…，A_p，B 是待估系数矩阵。

可将上式变形为

$$\Delta Y_t = \varphi Y_{t-p} + \sum_{i=1}^{p} \varphi_i \Delta Y_{t-i} + \mu_t \qquad (3.2)$$

式（3.2）称为向量误差修正模型，即一次差分的 VaR 模型加上误

差修正项，误差修正项将系统中因差分而丧失的长期信息引导回来。

（2）变量选择与数据处理。

经过上面的分析，我们选择代表总需求因素的 X10、X11，代表通胀因素的 X5、X6、X7，代表供给因素的 X8，代表成本因素的 X15，X16 共 8 个因素进行 VaR 分析。描述性统计量见表 3-8。

表 3-8　各因子描述统计量

变量	平均值	中位数	标准差	偏度	峰度	JB 统计量	P 值
Y	8.2773	8.2150	1.1140	0.1821	2.5715	0.7379	0.6915
X5	3.2603	2.9500	1.4131	0.7746	2.4548	6.2934	0.0430
X6	6.8832	1.9668	18.1756	1.1452	3.7446	13.5352	0.0012
X7	14.8274	14.5996	2.1405	0.3019	3.4340	1.2902	0.5246
X8	15.4459	15.5839	1.4240	-0.0214	1.4476	5.6276	0.0600
X10	134 889.6	134 878.0	897.3247	0.0321	1.8051	3.3410	0.1881
X11	0.4904	0.4872	0.0098	0.5613	2.0150	5.2044	0.0741
X15	2 331.454	2 438.718	375.8382	-0.2470	1.6951	4.5425	0.1032
X16	2 363.977	2 391.720	163.8622	-0.6685	2.8627	4.2145	0.1216

3.3.2　实证分析

（1）变量的平稳性检验。

在进行时间序列建模时，为使回归有意义，可对其实行平稳化，采用对时间序列进行差分的方法，然后对差分序列进行回归。但这样做的缺点是：忽略了原序列的有用信息，而这些信息对分析问题来说又是必需的，从而降低了模型的有效性。本研究采用 ADF 检验法检验变量的平稳性，即通过在检验回归方程右边加入因变量 Y_t 的滞后差分项来控制高阶序列相关。结果表明，各变量一阶差分序列在 5% 显著性水平下是平稳的，则各变量均为一阶单整，可以进行协整检验。

表 3 - 9　　单位根检验（1）

检验方法			统计量的值			P 值		
ADF - Fisher Chi - square			22.9085			0.1941		
ADF - Choi Z - stat			0.90095			0.8162		
各序列 ADF 检验 P 值								
Y	X5	X6	X7	X8	X10	X11	X15	X16
0.0370	0.7402	0.4293	0.0134	0.7861	1.0000	0.9303	0.7537	0.1221

表 3 - 10　　单位根检验（2）——数据一阶差分平稳

检验方法			统计量的值			P 值		
ADF - Fisher Chi - square			207.165			0.0000		
ADF - Choi Z - stat			-11.4120			0.0000		
各序列 ADF 检验 P 值								
D（Y）	D（X5）	D（X6）	D（X7）	D（X8）	D（X10）	D（X11）	D（X15）	D（X16）
0.0000	0.0000	0.0009	0.0010	0.0000	0.9204	0.0000	0.0000	0.0001

（2）协整检验。

对于多变量的长期均衡关系，采用 Johansen 多元协整检验法。Johansen 检验法可用来判断多变量之间是否存在协整关系，结果见表 3 - 11。迹统计量和最大特征值结果表明，在 5% 显著性水平下，分别有 7 个和 4 个协整方程。

表 3 - 11　　Johansen 协整检验结果（迹统计量）

协整方程个数	特征值	迹统计量	5% 统计量	概率值
无	0.746664	314.9651	197.3709	0.0000
至多有 1 个协整方程	0.696222	240.8210	159.5297	0.0000
至多有 2 个协整方程	0.580831	176.4822	125.6154	0.0000
至多有 3 个协整方程	0.525608	129.5303	95.75366	0.0000
至多有 4 个协整方程	0.415084	89.26128	69.81889	0.0007
至多有 5 个协整方程	0.392874	60.30181	47.85613	0.0022
至多有 6 个协整方程	0.295783	33.35476	29.79707	0.0187
至多有 7 个协整方程	0.186215	14.41866	15.49471	0.0721
至多有 8 个协整方程	0.059133	3.291474	3.841466	0.0696

表 3 - 12　　Johansen 协整检验结果（最大特征值）

协整方程个数	特征值	最大特征值	5%统计量	概率值
无	0.746664	74.14413	58.43354	0.0008
至多有 1 个协整方程	0.696222	64.33879	52.36261	0.0020
至多有 2 个协整方程	0.580831	46.95192	46.23142	0.0418
至多有 3 个协整方程	0.525608	40.26900	40.07757	0.0476
至多有 4 个协整方程	0.415084	28.95947	33.87687	0.1727
至多有 5 个协整方程	0.392874	26.94705	27.58434	0.0602
至多有 6 个协整方程	0.295783	18.93610	21.13162	0.0987
至多有 7 个协整方程	0.186215	11.12719	14.26460	0.1480
至多有 8 个协整方程	0.059133	3.291474	3.841466	0.0696

（3）向量自回归模型。

根据 AIC 准则和 SC 准则，确定 VaR 模型的最优滞后阶数为 2 阶。由 VaR 模型估计结果，我们得到：

$$Y = -281.0530 + 0.396067Y(-1) - 0.132033Y(-2) - 0.368062X_5(-1) + 0.421990X_5(-2) + 0.025366X_6(-1) - 0.019101X_6(-2) + 0.177860X_7(-1) - 0.235772X_7(-2) - 0.431789X_8(-1) + 0.252970X_8(-2) - 5.394648X_{10}(-1) + 5.396308X_{10}(-2) + 651.2999X_{11}(-1) + 74.71010X_{11}(-2) + 0.001502X_{15}(-1) - 7.16 \times 10^{-5}X_{15}(-2) + 0.000834X_{16}(-1) + 0.001150X_{16}(-2)$$

我们用上述模型“预测”一下 2015 年 1 月的鸡蛋大宗价格。即

$$Y_{2015-1} = -281.0530 + 0.396067Y_{2014-12} - 0.132033Y_{2014-11} - 0.368062X_{5(2014-12)} + 0.421990X_{5(2014-11)} + 0.025366X_{6(2014-12)} - 0.019101X_{6(2014-11)} + 0.177860X_{7(2014-12)} - 0.235772X_{7(2014-11)} - 0.431789X_{8(2014-12)} + 0.252970X_{8(2014-11)} - 5.394648X_{10(2014-12)} + 5.396308X_{10(2014-11)} + 651.2999X_{11(2014-12)} + 74.71010X_{11(2014.11)} +$$

$0.001502X_{15(2014-12)} - 7.16 \times 10^{-5} X_{15(2014-11)} + 0.000834X_{16(2014-12)} + 0.001150X_{16(2014-11)}$

将相关数据代入上式，$Y_{2015-1} = 9.81$ 元/千克，而 2015 年 1 月鸡蛋大宗价格月均价格实际值为 8.55 元/千克。可见，我们不能单纯盲目地相信模型的预测结果，我们要根据供需情况、成本因素、通胀趋势等进行综合分析。

3.3.3 Granger 因果检验

X11 是 Y 的格兰杰原因。即人口增长率是鸡蛋价格的格兰杰原因。这也可以解释当前鸡蛋价格长期呈现出趋势下降的原因，即人口增长率出现趋势性下降。

表 3－13　　Granger 因果检验结果

原假设	F 统计量	P 值	5% 显著性水平下检验结果
X5 不是 Y 的 Granger 原因	1.18252	0.3151	接受原假设
Y 不是 X5 的 Granger 原因	0.16516	0.8482	接受原假设
X6 不是 Y 的 Granger 原因	0.55493	0.5777	接受原假设
Y 不是 X6 的 Granger 原因	0.02699	0.9734	接受原假设
X7 不是 Y 的 Granger 原因	2.21405	0.1201	接受原假设
Y 不是 X7 的 Granger 原因	0.77406	0.4667	接受原假设
X8 不是 Y 的 Granger 原因	0.97983	0.3826	接受原假设
Y 不是 X8 的 Granger 原因	0.03573	0.9649	接受原假设
X10 不是 Y 的 Granger 原因	0.86130	0.4289	接受原假设
Y 不是 X10 的 Granger 原因	0.32597	0.7234	接受原假设
X11 不是 Y 的 Granger 原因	4.85487	0.0119	拒绝原假设
Y 不是 X11 的 Granger 原因	0.03036	0.9701	接受原假设
X15 不是 Y 的 Granger 原因	0.28664	0.7520	接受原假设
Y 不是 X15 的 Granger 原因	1.59402	0.2135	接受原假设
X16 不是 Y 的 Granger 原因	0.28973	0.7497	接受原假设
Y 不是 X16 的 Granger 原因	0.74358	0.4807	接受原假设

4. 鸡蛋价格风险预警指标体系构建与风险管理

在本章中，我们首先在以上各章节的分析基础上，从中长期趋势因素和中短期波动因素两个方面进行了鸡蛋价格风险预警指标体系的构建。之后，我们重点讨论了金融衍生品在鸡蛋价格风险管理中的作用，鸡蛋期货和鸡蛋场外期权在鸡蛋价格风险管理中发挥着至关重要的作用，而“期货+保险”的新模式将通过首先在部分主产区进行试点后，推广至全国。这将开创农产品风险管理的新篇章。

4.1 鸡蛋价格风险预警指标体系构建

表 4-1 鸡蛋价格风险预警指标体系表

影响因素类型	指标类型	指标名称
中长期趋势因素	需求因子	人口数、人口增长率、国民总收入、居民消费水平
	成本因子	玉米、豆粕现货平均价
	通胀因子	CPI、CPI 猪肉、猪肉价格
中短期波动因素	通胀因子	CPI、CPI 猪肉、猪肉价格
	供给因子	蛋鸡存栏量、后备鸡存栏量、育雏鸡补栏量
	季节性因子	鸡蛋价格的季节性波动规律
	突发事件	禽流感等疫情

4.2 鸡蛋期货及对产业的意义

4.2.1 鸡蛋期货上市

数年前大连商品交易所（以下简称大商所）在研究肉鸡等期货品种时，开始关注鸡蛋期货。2012 年初，大商所正式启动鸡蛋期货开发工作，2012 年 5 月鸡蛋期货通过立项批复，2013 年 3 月，鸡蛋期货上市获批，9 月底鸡蛋期货合约和规则获证监会批准。鸡蛋期货开发期间，设计人员走访调研产销区地方政府部门、行业协会、科研院所、现货企业、交易市场、质检机构等百余家单位，召开行业企业论证会近十场，组织鸡蛋期货培训、推介会活动上百场，在研究开发鸡蛋期货的同时也有力地宣传了鸡蛋期货。2013 年 11 月 8 日，国内首个畜牧期货品种和鲜活农产品鸡蛋期货在大商所挂牌交易。

4.2.2 鸡蛋期货合约设计原则

鸡蛋期货合约设计中体现了贴近产业需求、保障食品安全、严控运行风险的原则。首先，鸡蛋期货设计坚持贴近产业需求的原则，在充分考虑我国鸡蛋行业生产地域分散、平均养殖和贸易规模小等现实条件的基础上，形成便于“小微”企业参与的设计方案；其次，鸡蛋是老百姓的重要营养食品，保障期货交割用鸡蛋的食品安全是我们在设计合约时最为注重的因素，在交割质量标准上严要求，在交割制度上求创新，全方位保障期货交割用鸡蛋食品安全；最后，我们在吸取国外鸡蛋期货设计经验的基础上，根据我国鸡蛋行业的运行特点，将市场整体运行安全作为重要设计原则，合理确定每个客户的持仓限额，使期货市场运行能够符合鸡蛋独特的现货特点，并建立针对疫病疫情等突发性事件的风险处置措施，保障我国第一个畜牧品种的市场整体运行安全，发挥期货市场的应有作用。

为防范疫情风险，大商所专门设计了疫情处置制度和有针对性的疫情疫病应急预案：一是在国内主要鸡蛋产销区设置交割库，保证疫情集中出现时有充足的可供交割库容；二是对疫区交割库实行暂停仓单注册、强制卖方在非疫区交割库换货等措施，保证疫情爆发时的鸡蛋品质安全；三是交割库被划入疫区达到一定比例后，上报证监会后实行暂停、终止交易等措施，在极端情况下降低疫情对市场的影响；另外，我们将与农业部等相关部委保持密切联系，及时获取疫情信息，加强对盘面价格的监控力度，并加强对禽流感疫情知识的普及宣传，树立正确的投资理念，教育投资者避免非理性的投机炒作，减缓疫情对鸡蛋期货价格可能产生的影响。

在合约和制度的具体设计中，根据鸡蛋行业企业实际情况，有针对性地设计制度、流程和相关参数，体现对产业的服务。例如鸡蛋期货的合约规模按照我国平均规模养殖户的日产量确定，便于中小养殖户参与，交割月的持仓限额也按照现货贸易习惯和中小规模贸易商的实际情况设置，适应鸡蛋产业规模小的特点。

表 4－2　　鸡蛋期货合约

交易品种	鲜鸡蛋
交易单位	5 吨/手
报价单位	元（人民币）/500 千克
最小变动价位	1 元/500 千克
涨跌停板幅度	上一交易日结算价的 4%
合约月份	1 月、2 月、3 月、4 月、5 月、6 月、9 月、10 月、11 月、12 月
最后交易日	合约月份第 10 个交易日
最后交割日	最后交易日后第 3 个交易日
交割等级	大连商品交易所鸡蛋交割质量标准

续表

交易品种	鲜鸡蛋
交割地点	大连商品交易所鸡蛋指定交割仓库
最低交易保证金	合约价值的5%
交割方式	实物交割
交易代码	JD

（1）鸡蛋合约设计难点及解决方案。

问题1：抽样无法排除所有破壳鸡蛋——鸡蛋破壳后变质加速。

解决方案1：恒温库仓库和养殖场库交割并行保障新鲜度——恒温库存储鸡蛋质量变化较慢，适宜大规模存储。

表4-3　冷藏条件下鸡蛋品质变化（冷藏温度2.5℃）

保存期间		冷藏前	1个月	2个月	3个月
全蛋品质	失重,%	—	1.16	1.72	5.28
	气室高度，mm	2.58	2.86	4.85	6.35
	蛋黄指数	0.445	0.435	0.431	0.404
	腐败率,%	0	0	1.6	4.0
蛋黄	水分,%	49.93	50.95	53.07	54.42
	蛋白质含量,%	16.26	16.12	15.72	15.22
蛋白	水分,%	87.67	87.54	86.82	86.42
	蛋白质含量,%	10.59	10.54	11.54	11.69

资料来源：大连商品交易所、中期研究院。

解决方案2：采用科学、严格的抽样方法降低劣质蛋比例；加大开箱比例，抽样更严格。

鸡蛋期货抽样数量约合总量的万分之8.3。每10箱抽取1箱（不足10箱部分按10箱计），抽取的每箱鸡蛋抽样3枚。而行业标准抽样数量约合总量的万分之4.3。每百箱取样3箱，每增百箱取样1箱，尾数不足百箱但超过30箱，取样1箱。抽取的每箱鸡蛋抽样2%。

问题2：期货交割较现货贸易增加成本：入库抽样检验和仓储增加一定成本。

解决方案：缩短交割流程，控制交割成本——采取多种措施降低检验和仓储成本，比如卫生指标检验后置、推荐品牌交割制度、缩短鸡蛋在库时间等。目前大商所正在研究车船板交割，将择机推出，进一步降低交割成本并提高交割便利性。

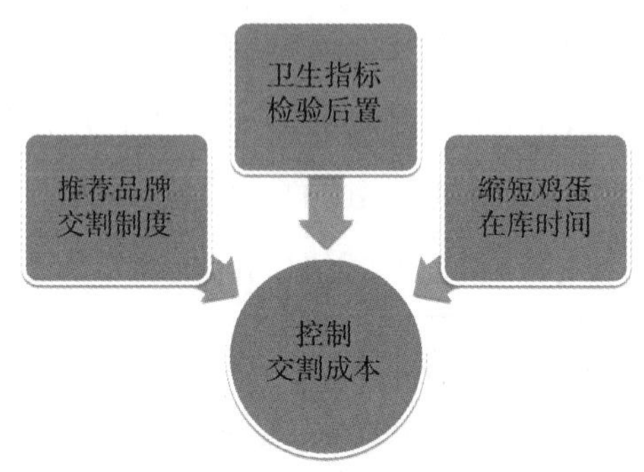

图4-1 多种途径降低交割成本

问题3：疫病爆发影响交易交割安全——《动物防疫法》规定，疫区鸡蛋不允许外运出售。

解决方案1：设计专门交割流程，降低疫病影响，保证疫情疫病爆发不影响正常交易交割。

表4-4 鸡蛋交割地点与禽流感爆发年份

交割地点	禽流感爆发年份（年）
广东	2004、2007、2008
辽宁	2005、2006
湖北	2004、2005
江苏	2008
河南	2004
上海	2004

资料来源：大连商品交易所、中期研究院。

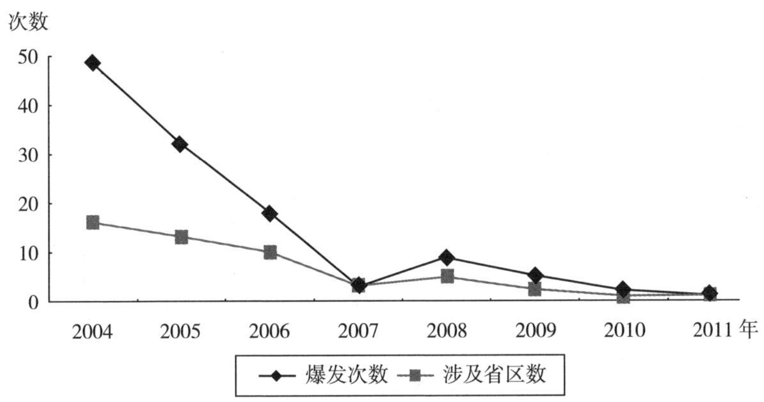

资料来源：大连商品交易所、中期研究院。

图 4-2　禽流感爆发次数与涉及省区数

解决方案 2：合理设计交割地点，降低疫病影响——主要产销区设置交割地点。

表 4-5　　鸡蛋对应产销区

输入地	来源地	占全国比例（%）
京津地区	内蒙古、辽西、鲁北及河北等地	约 15
沪浙地区	苏北、安徽、湖北等地	约 21
广东地区	湖北、胶东、河北南部沙河、馆陶等	约 25

资料来源：大连商品交易所、中期研究院。

问题 4：生产均匀且集中度低，组织大批量交割成本高。

解决方案：设计严格限仓制度，保证可供交割量。

将每年的产量平均分配到每个月，以月产量为基础制定一般月的持仓限额；整个交割流程大约 2 周时间，剔除 5 ~7 天的组织交割及运输，以 5 天的全国鸡蛋产量为依据制定交割月持仓限额；5 天时间全国鸡蛋总产量为 31.9 万吨，为每个客户最大交割量 25 吨的 12 667 倍。

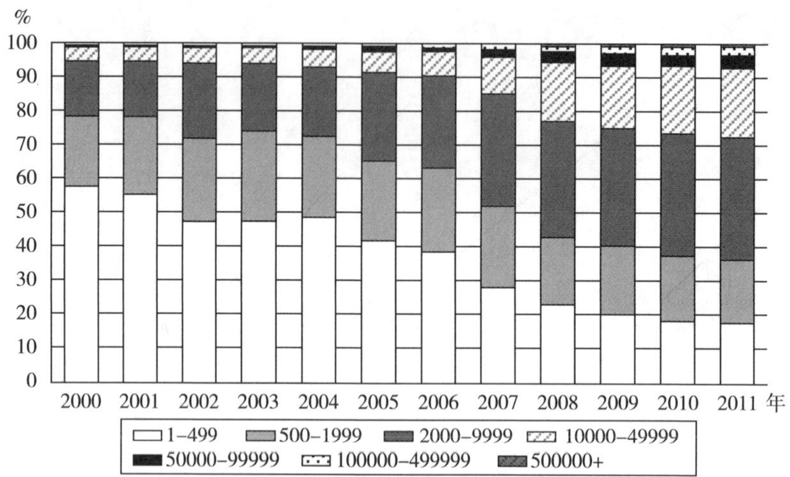

资料来源：大连商品交易所、中期研究院。

图 4-3 我国蛋鸡养殖产业结构及变迁

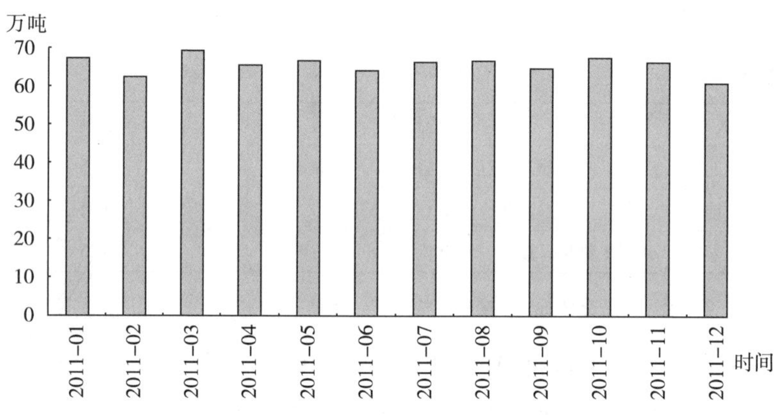

资料来源：大连商品交易所、中期研究院。

图 4-4 2011 年各月鸡蛋产量

（2）鸡蛋合约设计规则要点——贴近现货市场。

A. 报价单位为元/500 千克，最小变动价位 1 元/500 千克。

报价单位为元/500 千克，符合居民生活习惯，便于计算。最小变动价位为 1 元/500 千克，变动幅度符合现货习惯。

B. 鸡蛋期货交易单位为5吨/手，交割单位5吨。

5吨相当于一万只鸡10天的产量，目前我国鸡蛋60%产量是由1万只以下养鸡场生产，1手合约价值约为50 000元（按上市初期鸡蛋价格计算），1手合约保证金5 000元，与其他农产品保证金相当。符合行业发展趋势，有利于机构投资者参与。国内中等贸易商每天贸易量为5吨。

C. 鸡蛋交割地点设计。

从鸡蛋品种市场格局和交割条件要求出发，鸡蛋期货基准交割仓库设于河南、河北、山东、辽宁等产地集中地，在江苏、湖北等产地集中地和北京、上海、广州等销地集散地交割仓库设置升水，在产地集中地的蛋鸡养殖场设立交割厂库。

鸡蛋期货采用恒温库仓库交割和蛋鸡养殖场厂库交割并行的方式，在交割地点的选择上，主要考虑交割地所在地区较强的价格代表性、充足的恒温库资源和良好的物流条件、便于组织交割和出售的贸易集散中心地位、具备一定分散性以防范疫病爆发风险能力等四方面因素。

在疫情疫病防范方面，大商所也对交割地点的设计进行了充分的考量。鸡蛋期货的交割地点在满足现货贸易需要的同时，地理位置上足够分散，在某一地区发生疫情的情况下，其他交割地将提供充足的交割便利，可以将禽流感等疫情疫病对鸡蛋期货的影响降到最低。

在交割厂库地点的设置方面，大商所选择了产量大，标准化程度高的大型蛋鸡养殖企业和公司+农户模式企业作为鸡蛋期货交割厂库。目前交割厂库注册仓单总量能够达到6 150吨，是交割月持仓限额的246倍，能够充分满足交割需求，且厂库企业规范化程度高，经营成熟，鸡蛋品质好。此外，鸡蛋期货交割厂库企业绝大多数拥有自有终端销售网络，具备较大规模的鸡蛋运输能力。若买方从交割厂库接货，买卖双方协商，厂库可以为买方提供配送服务。

D. 交割质量标准。

表 4－6　　　　标准品质量要求

指标	允许范围	
感官要求	抽样样品中，蛋壳不完整、硌窝、流清、含长度大于2厘米裂纹，或不清洁面积超过总面积1/8的鸡蛋不超过5%	
蛋重等级	80%以上的鸡蛋处于同一蛋重等级	
哈夫单位	入库≥72	出库

资料来源：大连商品交易所、中期研究院。

表 4－7　　　　蛋重分级（每枚鸡蛋）

蛋重等级	重量范围（单位：克）
XXL	≥68且<78
XL	≥60且<68
L	≥53且<60
M	≥48且<53
S	≥43

表 4－8　　　　替代品质量标准

指标	允许范围	升贴水（元/500千克）
蛋重等级	不满足基准交割品蛋重等级要求的交割品	扣价200

资料来源：大连商品交易所、中期研究院。

E. 保障食品安全和交割品质量。

主要采取以下四个方面的措施，保障食品安全和交割品质量：抽检比例比现货标准提高一倍（行业万分之4.3，鸡蛋期货为万分之8.3），保障质量；卫生指标检验后置，降低成本同时保障食品安全；处于疫区的交割货物在非疫区换货复检；限制仓单转手，仓库管理实行对垛管理。

F. 交割地点覆盖主要产销区，便于组织交割。

表 4－9　　鸡蛋交割仓库与厂库

交割仓库	产地集中地：河北、河南、山东、辽宁、湖北、江苏
	销地集散地：北京、上海、湖北
交割厂库	产地集中地：辽宁、湖北、江苏等省的大型蛋鸡养殖场

资料来源：大连商品交易所、中期研究院。

表 4－10　　鸡蛋交割地点及升贴水

交割地点	升贴水（元/500 千克）
辽宁、河北、山东、河南	0
江苏、湖北、北京	50
上海	150
广东	250

资料来源：大连商品交易所、中期研究院。

4.2.3　鸡蛋期货运行平稳　严格风控是保障

鸡蛋期货上市后，大商所通过发挥风控制度的基础性作用、同时做好市场监控稽查工作，全方位防范市场风险，保障市场安全稳定运行。

大商所对鸡蛋期货设置了严格的风险控制制度，通过涨跌停板、限仓、疫情应对及以现金支付交割违约金等多项措施防范市场风险，这些措施针对性强，也较一般品种严格，能够保障市场的安全运行；在鸡蛋期货运行中，交易所将加强市场监控，对市场风险做好预研预判，切实履行好交易、结算、交割、监查等重要环节的监管和服务职责，并有效发挥“五位一体”协同监管作用，以有效防控和化解市场风险；将做好投资者教育与市场培育工作，引导各类主体理性参与，确保市场安全稳定运行，促进市场功能发挥。

另外，在鸡蛋期货上市初期，为防范抑制过度炒作，大商所认真研究了各项交易参数，在上市初期实行较为严格的风险管理制度：如将保证金由5%提高至8%，上市初期日内开平仓手续费无减半优惠，以此确保鸡蛋期货平稳起步。

（1）按照每月产量设计总体持仓风控参数。

保证金随持仓变化	• 持仓≤8万手，收取5% • 持仓>8万手，收取7% • 我国鸡蛋年产量2 300万吨，折合每月191.7万吨，按照5吨/手，参照目前品种的中等偏上水平设计

（2）一般月持仓限额满足产业客户需求。

交割月前月客户限仓	• 前10个交易日为100手，第10个交易日后为30手
一般月客户限仓	• 300手 • 100万只鸡一天产蛋量大约为50吨，一个月的产量合计1 500吨，折合300手

（3）依据5天产量，从严设计交割月持仓限额。

交割月客户限仓	• 5手 • 全国5天新鲜鸡蛋产量约为31.9万吨 • 以5天产量为基础，参照目前最严格的焦炭计算，交割月持仓限额约为5手 • 一辆汽车的运输量约为25吨，即5手

表4-11　　鸡蛋与大商所其他品种年有效供应量与交割月限额比值对比

品种	年有效供应量（万吨）	交易单位（吨/手）	交割月持仓限额（手）	年有效供应量与交割月持仓限额对应吨数比值
鸡蛋	2 300	5	5	920 000
焦炭	38 000	100	300	12 667
玉米	18 000	10	5 000	3 600
豆粕	4 700	10	2 500	1 880
棕榈油	650	10	500	1 300
豆油	1 200	10	1 000	1 200
PVC	1 300	5	2 500	1 040
聚乙烯	500	5	1 000	1 000
大豆	1 400	10	2 500	560

资料来源：大连商品交易所、中期研究院。

4.2.4 贴近现货市场 大商所进一步修改鸡蛋合约规则

从已交割合约交割月期现回归情况来看，最后交易日现货价格与期货收盘价的价差分布在［-321，283］。落在合理期现价差范围内的比例几乎为零。这与交割月持仓少，参与群体少有较大关系。由于缺乏资金参与，期现价差即便偏离合理范围，也不能得到有效的修正。后期随着鸡蛋期货普及程度的提高、产业客户参与度的提高，期现价差的不合理性将大大减少。大连商品交易所为了更方便产业客户交割，贴近现货，对《大连商品交易所鸡蛋期货合约》、《大连商品交易所交割细则》、《大连商品交易所结算细则》、《大连商品交易所标准仓单管理办法》四部合约规则进行了修改。修改内容主要包括：增加全月每日选择交割、引入车板交割、缩短仓单有效期、增加合约月份、延后最后交易日、调整鸡蛋一次性交

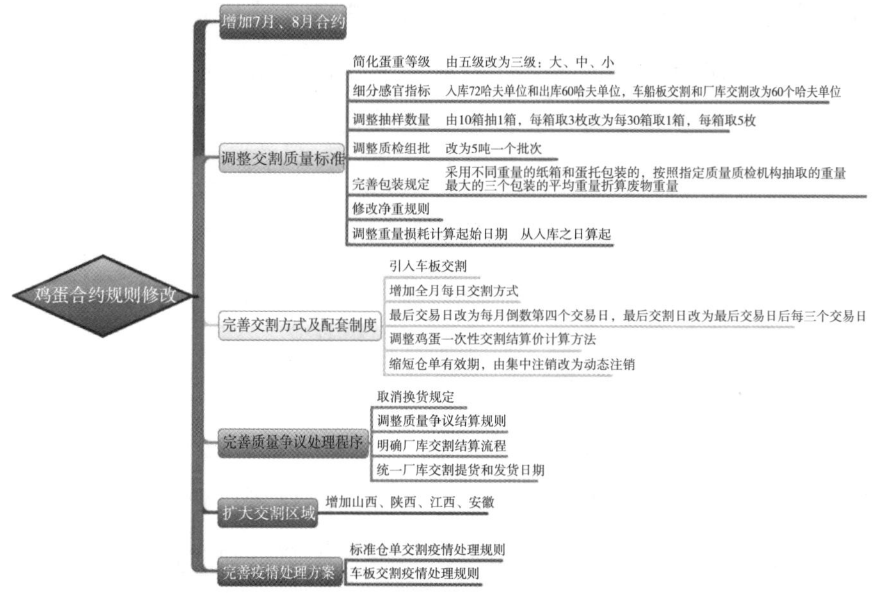

资料来源：大连商品交易所、中期研究院。

图4-5 鸡蛋期货上市2年后大商所最新修改鸡蛋合约规则

割结算价计算方法、修改交割质量标准相关规定、完善质量争议处理相关程序，优化疫情处理方案等。修改后的合约规则自 JD1703 合约开始施行。

4.2.5 鸡蛋期货上市对相关产业的意义

蛋鸡养殖行业是畜牧业的重要组成部分，属我国重点扶持的“三农”领域。目前我国蛋鸡存栏量约为 15 亿只，规模养殖户达 30 万户，从业人员超过 1 000 万人，相关产业年产值超过了 3 500 亿元，对农村经济发展影响很大。但近年来，我国蛋鸡养殖业发展面临的制约因素较多：鸡蛋价格波动较为剧烈，养殖户和批发商面临的市场风险大；行业标准推行和使用的情况不太理想；鸡蛋生产规模偏小，绝大部分中小养鸡场缺乏中长期规划，盲目进入和退出，抗风险能力弱等。上市鸡蛋期货，可以为鸡蛋各类相关企业提供规避风险的工具，提高经营水平；可以形成预期价格，引导农户合理调整养殖规模，帮助企业平抑行业周期性波动带来的巨大冲击，有利于吸引资金投入该行业，优化产业结构，促进规模化养殖，提高整个行业的抗风险能力；还可以借助期货市场的影响力，宣传推广鸡蛋行业标准，对于规范和引领行业发展有推动作用。因此，上市鸡蛋期货对于促进相关产业可持续发展，扩大农民就业，增加农民收入，提高农村经济发展水平等都有积极作用，对于强化市场“三农”服务意义重大。

鸡蛋期货上市将有助于形成集中权威的市场价格，提供避险工具，服务农户和企业生产经营，并推动我国鸡蛋产业的规模化、标准化发展，促进产业升级；鸡蛋作为畜牧期货的首个品种，其上市也有利于丰富我国期货品种序列，拓宽期货市场服务国民经济的范围。

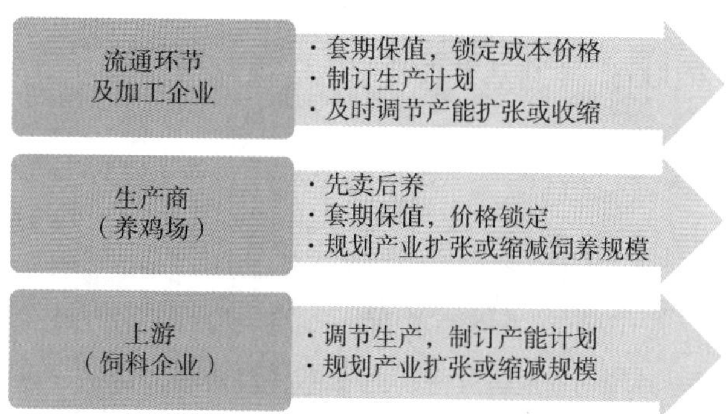

资料来源：大连商品交易所、中期研究院。

图 4－6　鸡蛋期货对蛋鸡产业链的影响

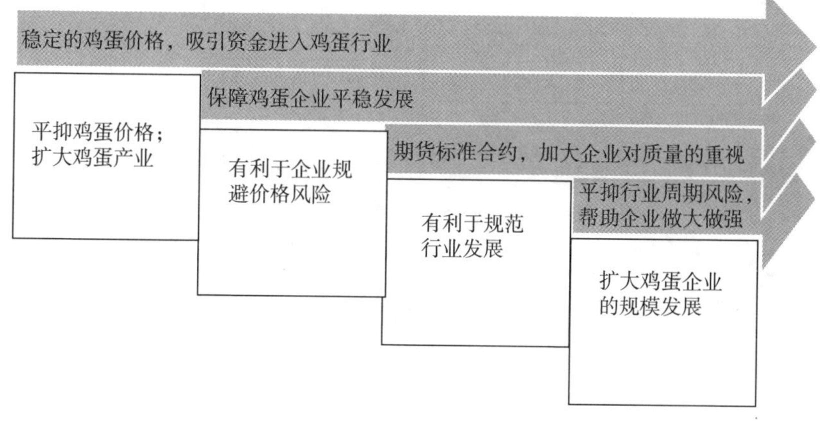

图 4－7　鸡蛋期货对鸡蛋相关企业的影响

4.3　鸡蛋期货与风险管理

4.3.1　鸡蛋期现货价格与基差

从鸡蛋期现货价格走势与基差变化来看，有以下特点：鸡蛋期现货价格走势在大的趋势上一致，这是可以采取套期保值的基础，但因为波动幅度不相同，从而引发基差的变化，而从基差的变化来看，与现货大宗价格的走势相关度更大。基差波动区间基本在 -1 000至 +1 000，可见基差波动范围还是很大的。

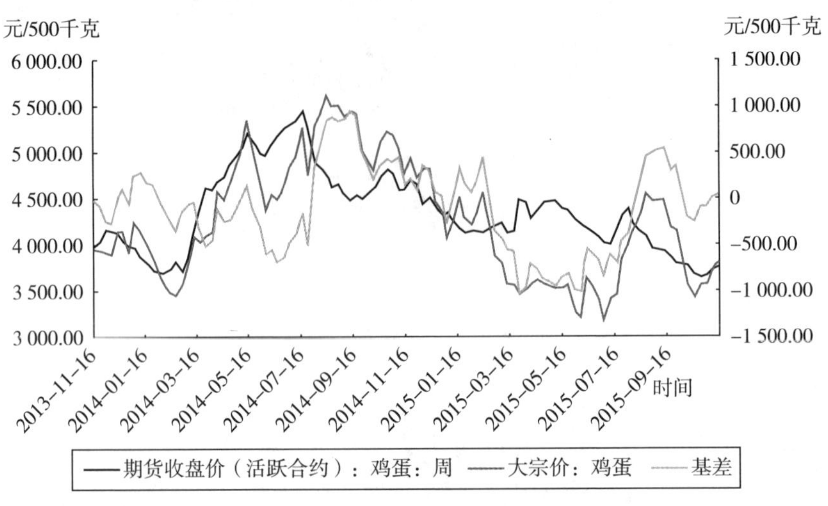

资料来源：Wind、中期研究院。

图 4 -8　鸡蛋期现货价格与基差

4.3.2　鸡蛋期现货价格的引导关系

鸡蛋期现货价格一阶差分是平稳的，运用 Granger 因果检验考察鸡蛋期现货价格的引导关系，结果表明，滞后二阶和一阶情况下，鸡蛋期货是鸡蛋大宗价格的格兰杰原因，而鸡蛋大宗不是鸡蛋期货的格兰杰原因。由此可见，鸡蛋期货具有较好的价格发现功能。

表 4 -12　　鸡蛋期现货价格 Granger 因果检验结果

滞后阶数	原假设	F 统计量	P 值	5% 显著性水平检验结果
5	鸡蛋期货价格不是鸡蛋大宗价格的 Granger 原因	1.24805	0.2946	接受原假设
	鸡蛋大宗价格不是鸡蛋期货价格的 Granger 原因	0.65483	0.6587	接受原假设

续表

滞后阶数	原假设	F 统计量	P 值	5% 显著性水平检验结果
4	鸡蛋期货价格不是鸡蛋大宗价格的 Granger 原因	1. 52873	0. 2012	接受原假设
	鸡蛋大宗价格不是鸡蛋期货价格的 Granger 原因	0. 41766	0. 7955	接受原假设
3	鸡蛋期货价格不是鸡蛋大宗价格的 Granger 原因	2. 02668	0. 1161	接受原假设
	鸡蛋大宗价格不是鸡蛋期货价格的 Granger 原因	0. 62921	0. 5981	接受原假设
2	鸡蛋期货价格不是鸡蛋大宗价格的 Granger 原因	3. 22951	0. 0442	拒绝原假设
	鸡蛋大宗价格不是鸡蛋期货价格的 Granger 原因	0. 50831	0. 6032	接受原假设
1	鸡蛋期货价格不是鸡蛋大宗价格的 Granger 原因	6. 72465	0. 0110	拒绝原假设
	鸡蛋大宗价格不是鸡蛋期货价格的 Granger 原因	1. 49588	0. 2244	接受原假设

4.3.3 鸡蛋期货与套期保值

（1）套期保值：在期货市场买进或卖出与现货市场交易品种、数量相同，合约月相同或相近、方向相反的期货合约，以期在未来某一时间通过卖出或买进此期货合约来补偿因现货市场价格变动带来的实际价格风险。

（2）套期保值的原理。

A. 现货和期货市场的走势趋同。由于这两个市场受同一供求关系的影响，所以二者价格一般同涨同跌，但短期涨跌幅度会有所不同。

B. 套期保值是在这两个市场上做相反操作，无论价格波动多剧烈，两个市场盈亏大致相等。无论价格潮起潮落，企业皆可利用期货锁定成本、保值利润、保证持续生产经营。担心未来价格上涨，就做买入套期保值；担心未来价格下跌，就做卖出套期保值。

（3）鸡蛋期货与套期保值。

从以上的分析和论述中我们知道，鸡蛋期货与鸡蛋现货在趋势走势上是一致的，同时，鸡蛋期货又在一定程度上领先于鸡蛋现货，体现出价格发现功能，而且从对鸡蛋供需以及季节性规律的分析可以看出，鸡蛋价格具有明显的波动规律，这样就给产业客户利用鸡蛋期货进行套期保值提供了便利。

4.3.4 鸡蛋期货套期保值案例分析

（1）鸡蛋买入套期保值案例分析。

蛋品加工的主要原料都是鲜鸡蛋，而鲜鸡蛋保存成本较高，现实经营中，企业往往会受资金、库容、原料新鲜度等因素的限制，在鸡蛋价格处于低谷时难以大批量采购。如何规避原料采购期间蛋价波动的风险必然成为企业最关心的问题。企业若担心后期鸡蛋的价格会上涨，可以利用期货市场来规避一部分风险。

2014 年 3 月初，山东德州地区鸡蛋批发价为 3.73 元/斤左右，相对较低，当地一家糕点厂认为后期一旦 H7N9 疫情对市场的影响减弱，加上“五一劳动节”备货将要来临，蛋价可能会出现大幅上涨，但当时该糕点厂因资金紧张，且考虑到鸡蛋保存的问题，无法购进后期所需的原料。当时大商所鸡蛋期货也在低位徘徊，由于期货交易采用保证金制度，为了锁定生产成本，避免蛋价上涨带来的风险，该厂研究决定考虑在鸡蛋 1405 合约上做出买入保值计划，建立虚拟库存。

表 4－13 糕点厂买入套保操作结果

时间	现货市场	期货市场	操作
3 月 6 日	7 460 元/吨	7 680 元/吨	买入 JD1405 合约 5 手，总价值：7 680 × 5 × 5 = 192 000 元
5 月 5 日	9 020 元/吨	9 460 元/吨	卖出 JD1405 合约 5 手进行平仓，总价值：9 460 × 5 × 5 = 236 500 元，同时在现货市场上买入 25 吨鲜鸡蛋
套保结果	（7 460 － 9 020） × 25 = － 39 000 元	（9 460 － 7 680） × 5 × 5 = 44 500 元	盈利：44 500 － 39 000 = 5 500 元
总体效果	减去期货交易手续费：（192 000 + 236 500） × 0. 015% = 64. 3 元，净利润为 5 500 － 64. 3 = 5 435. 7 元		

通过套期保值，该糕点厂不仅成功规避了蛋价上涨带来的风险，有效降低了存货成本，保住了鸡蛋新鲜度的同时，还在期货市场上赚取了一定的额外收益。

（2）鸡蛋卖出套期保值案例分析。

2015 年 9 月，辽宁地区某大型蛋鸡合作社通过多年对鸡蛋价格运行规律和现货的了解，认为伴随蛋鸡存栏量不断加大，价格将继续大幅度下跌。同时，在综合考虑期货公司的投资建议后，在期货市场上进行卖出套期保值操作。事实上，因为鸡蛋贸易的特点时随产随销，因此现货跌价的损失要比（期末价格 － 期初价格）1 000 元/吨小很多。这样，套期保值的效果除了完全覆盖掉现货跌价损失之外，而且还能够获取不小的额外收益。利用这样的期现结合的模式，在鸡蛋跌价周期中，可以稳定甚至扩大蛋鸡饲养规模，扩大市场份额。

表 4－14 蛋鸡合作社卖出套保操作结果

时间	现货市场	期货市场	操作
9 月 14 日	8 000 元/吨	7 480 元/吨	卖出 JD1605 合约 5 手，总价值：7 480 × 5 × 5 = 187 000 元

续表

时间	现货市场	期货市场	操作
11月25日	7 000元/吨	6 380元/吨	JD1605合约5手进行平仓，总价值：6 380×5×5=159 500元
套保结果	（7 000－8 000）×25＝－25 000元	（7 480－6 380）×5×5=27 500元	盈利：187 000－159 500=27 500元
总体效果	减去期货交易手续费：（187 000+159 000）×0.015%=51.9元，净利润为2 500－51.9=2 448.1元		

4.4 期权在鸡蛋价格风险管理中的应用

由于鸡蛋不易储存，以及鸡蛋现货贸易的特点多是随收随卖，因此，对于鸡蛋贸易商来说，运用传统的套期保值思想操作的话，往往需要频繁操作，而且短期内鸡蛋波动相对较为随机，使得鸡蛋套保的难度增大。而运用期权思想，构建“期货＋保险”的新型风险管理模式，则既能进行很好的价格风险管理，同时又能促进农户增收。

期权（Option），是指某一标的物买卖权或选择权，其具有在某一限定时期内按某一制定的价格买进或卖出某一特定商品或合约的权利。是买进者拥有的一种权利，并非一种义务。期权的特点是：（1）买方要想获得权利必须向卖方支付一定数量的费用（权利金），买方取得的权利是在未来。美式期权是在未来的一段时间内，欧式期权在未来某一特定日期。（2）期权买方在未来买卖标的物是特定的，标的物的价格是事先规定好的。（3）期权买方可以买进标的物（指买进看涨期权），也可以卖出标的物（指买进看跌期权）。期权买方取得买卖的权利，而不负必须买进或卖出的义务。买方有执行的权利，也有不执行的权利，完全可以灵活选择。

农产品期权市场规避农产品价格风险机理主要是通过买入看跌期权而实现的。为转移农产品价格风险，农产品生产者可以买入看跌期权，并根据市场变化趋势来决定是继续持有还是放弃或转让已有的期权合约，这样期权买方在期权的有效期内既可规避市场价格向不利方向变动时的风险或将风险限定在预知的一定范围内，又可获得价格向有利方向变动时赚取额外利润的机会。

4.4.1 亚式期权服务饲料厂与鸡农案例

现货企业通过期货套期保值可实现规避风险、锁定成本、稳定企业生产经营的目标，但各个企业的需求是不同的，制订有针对性的套期保值方案就显得尤为重要。下面以“亚式期权服务饲料厂与鸡农”的案例，分析场外期权这一衍生品工具在现货企业对冲市场风险中的作用和优势。

我国北方某饲料厂生产的饲料主要供应下游多个养鸡场。但由于鸡蛋价格波动较大，严重影响了鸡农的养鸡热情，进而影响了该饲料厂的销售利润。基于自身经营状况，饲料厂决定为鸡农提供让利补贴，以大商所鸡蛋期货1509合约价格为参考价，每500公斤鸡蛋补贴50元（即一斤鸡蛋补贴上限为5分钱），期限一个月，滚动操作。

该补贴可通过两个途径：第一，以现金方式直接补贴给鸡农；第二，以向下“保险”的形式附加给鸡农。方案一的优势是简单明了，劣势是补贴额度太小，效果不明显。方案二可以在鸡蛋价格大幅度下跌时为鸡农提供较大补偿，在价格上涨时，鸡农可以以更高价格卖出鸡蛋。

考虑到当时鸡蛋期货1509合约价格为4 670元/500公斤，平值看跌期权价格近100元/500公斤，不能满足饲料厂的成本预算，因此推荐使用亚式期权以月均价结算的方式，执行价格选在 4 600 元/500 公斤，权利金成本初算 47 元/500 公斤。在可行模式与理论模型的论证研究后，进入实操阶段，首先需要三方签订合同，然后对冲运作。

“亚式期权服务饲料厂与鸡农”模式涉及三方参与：饲料厂、鸡农和期货公司风险管理公司。在签订标准主协议文件（主协议 + 补充协议）前提下，增加一份权利金代付的三方补充协议，进而确定饲料厂代付权利金的义务，同时确定交易确认书中三方确认的义务。

2015 年 3 月 4 日，饲料厂、鸡农与期货公司风险管理子公司签订场外期权交易合同及场外亚式看跌期权交易确认书，明确了双方协商的执行价格、权利金金额、到期日等重要内容。截至 2015 年 4 月 3 日（场外期权到期日），鸡蛋 1509 合约收盘均价为 4 598.91 元/500 千克，低于约定的执行价格 4 600 元/500 千克，因此该场外亚式看跌期权行权，期货公司风险管理子公司赔付饲料厂（4 600 - 4 598.91）×500 = 545 元。

该案例中虽然到期赔付金额较小，但未来行情的发展是不可预计的，而场外期权在保值过程中成本固定、风险有限，因此，相比较而言，是一种更为稳健的风险管理工具。

该模式在运作中也存在一些不足和难点，主要体现在以下三个方面：第一，该模式由于涉及三方（风险管理公司、饲料厂、鸡农），在协议合同的制订上沟通成本较高，后期推广需要简化合同与流程；第二，各类亚式期权的定价模型有待进一步优化；第三，尽快完成平民化的电子签约平台的搭建，提高场外市场的透明度，为场外衍生产品市场提供集中风险管理。

总体来说，“亚式期权服务饲料厂与鸡农”的三方合作创新模式进一步发挥了期货市场功能，同时有效解决了现货市场流动性不足等问题，建立了全面的风险管理模式，为涉农企业的发展保驾护航。

4.4.2 “期货+保险”探索农产品风险管理新模式

“期货+保险”模式的基本原理是：保险公司基于期货市场上相应的农产品期货价格，开发农产品价格险，农民或农业企业（合作社）通过购买保险公司的农产品价格险，确保收益；保险公司通过购买期货公司风险管理子公司的场外看跌期权产品进行再保险，以对冲农产品价格下降可能带来的风险；期货公司风险管理子公司在期货交易所进行相应的复制看跌期权操作，进一步分散风险，最终形成风险分散，各方受益的闭环。

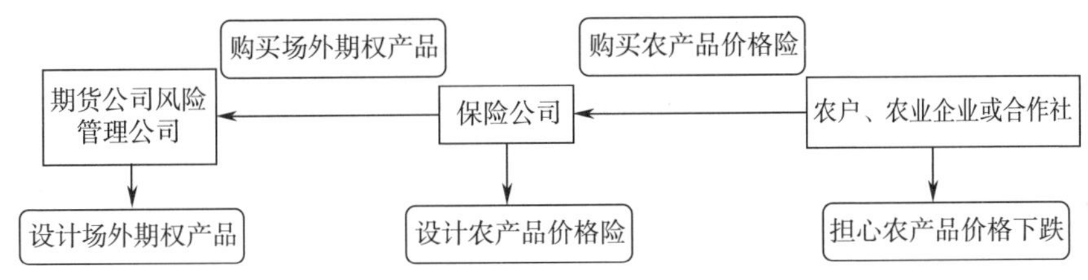

图4-9 “期货+保险”模式

下面以鸡蛋价格险为例，介绍一下具体的操作环节：

第一环节：农民或涉农企业通过购买保险公司开发的鸡蛋价格险，确保收益。首先保险公司根据投保农产品，即鸡蛋历史价格波动率、投保时间段、地区价格差等要素，同时参考期货公司风险管理子公司的场外看跌期权报价，设定阶梯形保险目标价及保费比例。2015 年 9 月 14 日的鸡蛋价格险保险目标价和保费比例如下，保费会跟随每天鸡蛋期货 1605 价格的变动而变动。

表 4-15　　鸡蛋保险目标价与对应保费

鸡蛋保险目标价（元/吨）	保费（元/吨）	保费比例
7 600	200	2.63%
7 500	100	1.33%
7 400	80	1.08%
7 300	60	0.82%
7 200	40	0.56%
7 100	30	0.42%
7 000	20	0.28%
6 900	10	0.14%
6 800	8	0.12%
6 700	6	0.09%
6 600	4	0.06%

合作社经过综合分析，9 月 14 日决定买入目标价格在 7 200 元，保费为 40 元，数量为 200 吨的鸡蛋价格险，共向保险公司支付保费 40×200 = 8 000 元。投保总价值 7 600×200 吨 = 1 520 000 元。保费比例 0.56%。到期日为 11 月 27 日。

第二环节：保险公司通过购买期货公司风险管理子公司的场外看跌期权产品进行再保险，以对冲鸡蛋价格下降可能带来的风险。场外看跌期权权利金报价见表 4-16。

表 4-16　　鸡蛋保险目标价与场外看跌期权期权费

鸡蛋保险目标价（元/吨）	场外看跌期权（元/吨）
7 600	180
7 500	80
7 400	60
7 300	40
7 200	30
7 100	20
7 000	10
6 900	5
6 800	4
6 700	3
6 600	2

虽然保险公司收取了合作社的保费，但还是存在由于价格暴跌所带来的保费无法完全覆盖理赔金额的风险，即理赔结算价如果跌破7 200 - 40 =7 160 元，则保险公司面临亏损。实际上保险公司需要对价格保险进行再保险，至少是部分再保险，以分散和转移风险。

因此，在本次鸡蛋价格险中，保险公司购买了期货公司风险子公司的场外鸡蛋看跌期权 200 吨产品，执行价格为 1605 合约 7 200 元/吨，到期日为 11 月 27 日，支付了 30 × 200 = 6 000 元权利金，将其鸡蛋价格保险的价格波动风险完全对冲。

第三环节：期货公司风险管理子公司在期货交易所进行相应的复制看跌期权操作，进一步分散风险。

5. 研究结论与展望

5.1 蛋鸡产业规模化发展凸显风险管理的重要性

目前，中国蛋鸡产业是我国畜牧业中仅次于养猪的第二大支柱产业，伴随蛋鸡产业规模化发展，风险管理也逐渐变得越来越重要。现阶段处于行业洗牌阶段，经营模式是大中型企业集团集约化、一体化生产基地和公司扩展。基本特征是建立了产品质量安全和防范体系以及完善的禽病防控体系，生产经营专业化、规模化蛋品，深加工比重增加，但生鲜鸡蛋仍然处于低水平竞争，品牌鸡蛋处于发展初级阶段，未来发展潜力巨大。中国也是禽蛋产量最多的国家，约占全球 40%。鸡蛋是城乡居民蛋白质摄入的重要来源。2014 年禽蛋产量为 2 894 万吨，人均占有量分别为 21. 2 千克。

5.2 鸡蛋价格全国联动，产区价格是销区批发价格的基础

鸡蛋收购价格，加上物流费用、中间耗损以及自己的利润，就构成了畜产品批发价格的基础。当收购价格较高时，畜产品批发价格也会随之上升，当收购价格较低时，鸡蛋批发价格也随之降低。

5.3 鸡蛋价格影响因素分析

5.3.1 宏观因素：包括经济周期、货币周期、通货膨胀周期等。目前的宏观面整体对鸡蛋价格有负面影响

（1）经济周期方面，根据美林投资时钟理论，按照经济增长与通胀的不同搭配，经济周期划分为四个阶段：“经济上行，通胀下行”构成复苏阶段，“经济上行，通胀上行”构成过热阶段，“经济下行，通胀上行”构成滞胀阶段，“经济下行，通胀下行”构成衰退阶段。目前中国经济处在衰退阶段，通胀压力下降，货币政策趋松，大宗商品价格震荡触底，鸡蛋价格在供需宽松的背景下也逐步震荡走低。市场普遍认为，经济将在2016年第一季度或第二季度趋稳，步入复苏阶段，通胀依旧将维持低位。

（2）货币因素方面，我们重点考察 M_2 及美元指数与鸡蛋价格的关系。M_2 与物价的关系整体表现出明显的正向促进作用。M_2 对CPI蛋类有促进作用，但不是主要因素，因蛋类自身的波动明显呈现周期性规律，使得货币因素成为推动蛋价的次要因素。伴随美国加息周期的开始，美元指数可能步入缓慢上升周期，对大宗商品具有抑制作用，对鸡蛋价格的传导主要表现在对CPI影响的心理预期以及对玉米、豆粕等成本价格的影响上。

（3）通货膨胀周期方面，我们用GDP平减指数和消费价格指数CPI来刻画和跟踪物价水平的变化，GDP平减指数与CPI波动规律一致，GDP与它们两者也体现了一定的相关度。伴随GDP的提高，全社会总收入和总支出提高，推动物价上行，反之，则带来物价下行压力。目前GDP处于缓慢下行阶段，物价下行压力较大。此

外，除了供需严重失衡导致价格异动之外，CPI 及猪肉、蛋类分项整体相关度强。一般把通胀周期也称为猪周期，从生猪存栏量来看，未来一个阶段生猪和猪肉价格偏弱的可能性大，不具备大幅度上涨的基础，2016 年年底前 CPI 料将维持在 1.5% ~3.5% 区间，仍属于低通胀阶段。以上均对鸡蛋价格影响负面。

5.3.2 供求关系是决定鸡蛋价格波动的最主要因素，决定了鸡蛋价格变动的主要趋势

对于供给端，我们主要通过蛋鸡存栏量、在产蛋鸡存栏量、青年鸡存栏量、后备鸡存栏量、育雏鸡补栏量、鸡龄结构等指标进行衡量，而禽流感疫情一旦大面积爆发，对蛋鸡存栏及鸡蛋中长期供给有重大影响。同时，鸡蛋价格变化又对鸡蛋供给起到正反馈作用，也就是通过成本收益利润链影响养殖户的生产经营决策，从而影响未来的供给量。对于需求端，从长期来看，一方面，伴随城镇化进程的发展，鸡蛋需求的绝对量将保持稳中有升，但人口增长率出现趋势性下降，需求增速将有所放缓。另一方面，收入和消费水平也是影响需求的重要因素，伴随收入水平的提高，对于鸡蛋需求具有中长期的支持作用。同时，阶段性需求淡旺季受到节假日、学校开学等季节性因素的影响。而禽流感对鸡蛋短期需求有影响，但对中长期需求影响有限。中长期来看，禽流感对于供给端的影响要强于需求端。2014 年以来直到现在，鸡蛋呈现供需宽松的局面，鸡蛋价格呈现趋势性下跌格局。

5.3.3 成本因素是影响鸡蛋价格的重要因素，目前玉米、豆粕价格处于弱势格局，对鸡蛋价格成本端支撑减弱

养鸡的饲料费用是决定鸡蛋价格的主要成本因素，对养鸡户的

影响最大。其中，玉米和豆粕是鸡饲料中能量和蛋白质营养的主要构成原料，分别占全价料（蛋鸡料）的60% ~65%和20% ~25%。玉米和豆粕饲料原料成本的变化将直接影响饲料成本的变化，进而影响鸡蛋价格的波动。而国家农业政策的改变、玉米、豆粕供需情况、饲料行业状况等因素的变化又将直接影响饲料价格的变动趋势。2014 年底以来，由于豆粕价格持续低迷，加上国家宣布降低玉米临时收储价格，同时提出让市场在资源配置中发挥更重要作用，农产品价格更加与国际市场接轨，使得玉米价格一路大幅下跌，与国际玉米价差大幅缩小。配合饲料价格也开始自高位持续回落。从成本端对鸡蛋价格的支撑力度减弱。

5.4 鸡蛋价格波动影响因子的作用机理实证分析结果

5.4.1 通货膨胀引起鸡蛋价格上升的因素并不大

因为去除 CPI 的影响后，鸡蛋大宗价格和零售价格均与可比价格曲线间的差距不大，这和我们在第 2 章中论述的鸡蛋价格更多的是受到自身供需因素的影响相一致。

5.4.2 在去除通货膨胀的基础上，运用 X12 季节调整法分析鸡蛋价格波动特征，并将鸡蛋价格时间序列分为四种成分构成，分别是趋势成分 T（Trend）、季节成分 S（Seasonal）、周期成分 P（Periodicity）和不规则成分 I（Irregular Variations）。结果表明，鸡蛋的趋势、季节、周期波动等均呈现出一定的规律性特征

从趋势分解的结果来看，鸡蛋价格长期主要表现为一种趋势

增长，这与居民收入与支出趋势性增长是一致的，但通过短期波动研究发现，鸡蛋价格存在周期性波动，且个别年份波动明显。鸡蛋波动规律非常明显：首先，鸡蛋波动幅度很大，基本上 1 年就是一个周期，一般振幅均超过 20% 以上，其次，3 ~ 4 年经历一次大的波动，波动幅度超过 40%，这一般都是受到强烈的外部冲击（比如禽流感）所致，导致供需严重失衡。最后，各周期的波谷基本集中在 4 月、5 月。研究发现最长的周期为 24 个月，最短的为 7 个月。

5.4.3 鸡蛋价格影响因素的主成分分析与因子分析

（1）我们运用 EViews 6.0 实现因子分析过程，选取了 16 个解释变量，这 16 个解释变量可以用 3 个公因子代替，3 个公因子对原始变量方差的累计贡献率为 1，通过因子分析实现了将 16 维数据变量降至 3 维的目的。F1 主要是体现总体消费能力的人口数、国民总收入、消费支出以及成本因素，F2 主要反映通胀因素，F3 主要反映供给因素。

（2）代表需求因素的 X10 人口数、X11 人口增长率、X12 国民总收入、X13 居民消费水平以及代表成本的 X14 豆粕现货均价、X16 玉米现货平均价在 F1 上有较高的载荷。

（3）代表通货膨胀因素的 X6 CPI 猪肉分项、X5CPI 和 X7 生猪出场价格在 F2 上有较高的载荷。

（4）X8 蛋鸡存栏量，X7 生猪出场价格，X15 全国玉米平均价格，在 F3 上有较高的载荷。尤其是 X8 蛋鸡存栏量，代表了供给因素。

（5）采用最大方差旋转法进行因子旋转，结果表明：代表总需求因素的 X10 至 X13 在 F1 上有较高的载荷，代表通胀因素的 X6、

X5、X7 在 F2 上有较高的载荷，代表供给因素的 X8 在 F3 上有较高的载荷。表 3 -6 的结果表明，代表总需求因素的 X10、X11，以及代表成本的 X16 在 F1 上有较高的载荷，代表通胀因素的 X6、X5、X7 在 F2 上有较高的载荷，代表供给因素的 X8 蛋鸡存栏量，代表成本的 X15 在 F3 上有较高的载荷。

5.4.4 鸡蛋价格影响因素作用机理实证分析

我们选择代表总需求因素的 X10、X11，代表通胀因素的 X5、X6、X7，代表供给因素的 X8，代表成本因素的 X15、X16 共 8 个因素进行 VaR 分析。通过变量的平稳性检验、协整检验、VaR 模型建立等步骤，得出 VaR 模型为 $Y = -281.0530 + 0.396067Y(-1) - 0.132033Y(-2) - 0.368062X_5(-1) + 0.421990X_5(-2) + 0.025366X_6(-1) - 0.019101X_6(-2) + 0.177860X_7(-1) - 0.235772X_7(-2) - 0.431789X_8(-1) + 0.252970X_8(-2) - 5.394648X_{10}(-1) + 5.396308X_{10}(-2) + 651.2999X_{11}(-1) + 74.71010X_{11}(-2) + 0.001502X_{15}(-1) - 7.16 \times 10^{-5} X_{15}(-2) + 0.000834X_{16}(-1) + 0.001150X_{16}(-2)$。将相关数据代入上式，得到 $Y_{2015-1} = 9.81$ 元/千克，而 2015 年 1 月鸡蛋大宗价格月均价格实际值为 8.55 元/千克。可见，我们不能单纯盲目地相信模型的预测结果，我们要根据供需情况、成本因素、通胀趋势等进行综合分析。最后，Granger 因果检验表明，X11 是 Y 的格兰杰原因。即人口增长率是鸡蛋价格的格兰杰原因。这也可以解释当前鸡蛋价格长期呈现出趋势下降的原因，即人口增长率出现趋势性下降。

5.5 鸡蛋价格风险预警指标体系构建与风险管理

5.5.1 在以上各章节的分析基础上，从中长期趋势因素和中短期波动因素两个方面进行了鸡蛋价格风险预警指标体系的构建

中长期趋势因素包括的指标类型为需求因子、成本因子、通胀因子。需求因子包括的具体指标为人口数、人口增长率、国民总收入、居民消费水平；成本因子包括的具体指标为玉米、豆粕现货平均价；通胀因素包括 CPI、CPI 猪肉、猪肉价格。中短期波动因素包括通胀因子、供给因子、季节性因子、突发事件等。供给因子包括的具体指标为蛋鸡存栏量、后备鸡存栏量、育雏鸡补栏量；季节性因子主要指鸡蛋价格的季节性波动规律，即 8 月、9 月一般为鸡蛋价格的年内高点，2 月、3 月为鸡蛋价格的相对低点；突发事件主要指禽流感等疫情。

5.5.2 鸡蛋期现货价格走势在大的趋势上一致，这是可以采取套期保值的基础，鸡蛋期现货价格一阶差分是平稳的，运用 Granger 因果检验考察鸡蛋期现货价格的引导关系，结果表明，滞后二阶情况下，鸡蛋期货是鸡蛋大宗价格的格兰杰原因，而鸡蛋大宗不是鸡蛋期货的格兰杰原因

由此可见，鸡蛋期货具有较好的价格发现功能。糕点厂利用鸡蛋期货买入套期保值及产区贸易商卖出保值的例子说明了鸡蛋期货在鸡蛋生产经营中作为风险管理工具的重要作用。

5.5.3 期权在鸡蛋价格风险管理中的应用

鸡蛋期货和鸡蛋场外期权在鸡蛋价格风险管理中发挥着至关重要的作用，而“期货+保险”的新模式将通过首先在部分主产区进行试点后，推广至全国。这将开创农产品风险管理的新篇章。由于鸡蛋不易储存，以及鸡蛋现货贸易的特点多是随收随卖，因此，对于鸡蛋贸易商来说，运用传统的套期保值思想操作的话，往往需要频繁操作，而且短期内鸡蛋波动相对较为随机，使得鸡蛋套保的难度增大。此外，尽管现货企业通过期货套期保值可实现规避风险、锁定成本、稳定企业生产经营的目标，但各个企业的需求是不同的，制订有针对性的套期保值方案就显得尤为重要。运用期权“期货公司风险管理公司+企业+农户”的模式在很大程度上为企业提供了个性化服务。但对于潜在违约风险的担忧，以及沟通成本较高都限制了该模式的推广，而运用期权思想，构建“期货+保险”的新型风险管理模式，则可解决上述问题，有利于大范围推广和应用。

参考文献

[1] 蔡荣等. 农产品批发市场价格形成机制及其交易效率 [J]. 经济问题探索, 2007 (9): 71 – 75.

[2] 程国强, 胡冰川, 徐雪高. 新一轮农产品价格上涨的影响分析 [J]. 管理世界, 2008 (1): 57 – 62.

[3] 程杰, 农业产业链风险管理研究 [D]. 2006.

[4] 大连商品交易所官方网站. www. dce. com. cn/.

[5] 杜艳艳. 我国主要农产品期货价格发现研究 [D]. 东北财经大学硕士论文, 2011.

[6] 傅如南, 林丕源, 严尚维, 孙爱东. 基于 ARIMA 的肉鸡价格预测建模与应用 [J]. 中国畜牧杂志, 2008 (20): 17 – 21.

[7] 顾海兵, 实用经济预测方法 [M]. 北京: 中国人民大学出版社, 2005.

[8] 柯炳生. 美国农业风险管理政策及启示 [J]. 2001 (1): 11 – 13.

[9] 李国祥. 2003 年以来中国农产品价格上涨分析 [J]. 中国农村经济, 2011 (2): 11 – 21.

[10] 李哲敏. 禽蛋市场价格短期预测 [J]. 中国食物与营养, 2010 (6): 36 – 39.

[11] 李哲敏. 中国禽蛋产业链短期市场价格传导机制 [J].

中国农业科学，2010，43（23）：4951－4962.

［12］刘振滨. 近年来我国生鲜鸡蛋市场价格波动分析［J］. 产业透视，2012（2）：66.

［13］卢峰，彭凯翔. 中国粮价与通货膨胀关系（1987—1999）［J］. 经济学（季刊），2002（7）：821－836.

［14］罗锋，牛宝俊. "入世"以来我国农产品价格波动之原因考察［J］. 江西财经大学学报，2011（5）：78－86.

［15］罗链洁. 农民期盼农产品价格预警［N］. 宁波日报，2007－08－31（A021）.

［16］吕东辉. 农产品期货价格形成机理研究［D］. 吉林大学博士论文，2006.

［17］吕新业，王济民，吕向东. 我国粮食安全状况及预警系统研究［J］. 农业经济问题，2005（S1）：34－40.

［18］吕洋，范秀荣. 美国农场的农业风险管理［J］. 农场经济管理，2008（1）：32－34.

［19］马永波. 当前农产品价格变动原因及趋势研究［J］. 农村金融研究，2011（8）：15－20.

［20］毛学峰，曾寅初. 基于时间序列分解的生猪价格周期识别［J］. 中国农村经济，2008（12）：4－13.

［21］潘丹，曹光乔. 中国蛋鸡产业集聚状况分析［J］. 中国家禽，2010，32（13）：5－7.

［22］綦颖，吕杰，宋连喜. 生猪价格波动的经济学分析［J］. 中国畜牧杂志，2007，43（2）：31－35.

［23］綦颖. 中国生猪市场价格波动研究［D］. 沈阳农业大学，2008.

［24］宋连喜. 亟待构建完整的畜牧业经济及畜产品价格分析

预警监测体系　庇护养猪者利益需“及时雨”——透视猪价暴涨背后的缺失及探求缓解对策［J］. 中国动物保健，2007（11）：59－64.

［25］苏博，刘鲁，方锋锋. 基于逐步回归的中国粮食价格预警研究［J］. 企业经济，2006（1）：131－133.

［26］孙良媛，张岳恒. 转型期农业风险的特点与风险管理［J］. 农业经济问题，2001（8）：20－26.

［27］谭晶荣，邓强，王瑞. 国际大宗商品期货价格与中国农产品批发市场价格关系研究［J］. 财贸经济，2012（6）：131－138.

［28］唐江桥，雷娜. 中国鸡蛋价格波动预警研究［J］，西部论坛（中国改革热点与难点），2011（6）：44－49.

［29］唐江桥. 中国畜产品价格预测预警研究［D］. 福建农林大学，2011.

［30］天下粮仓网站. www.cofeed.com/.

［31］王吉恒，王新利. 农产品市场风险与市场预测研究［J］. 农业技术经济，2003（3）：1－5.

［32］王济民，谢双红，姚理. 中国畜牧业发展阶段特征与制约因素及其对策［J］. 中国家禽，2006，28（2）：13－17.

［33］王明利，王济民. 本轮生猪市场波动暴露的问题及启示［J］. 中国畜牧杂志，2007，43（22）：4－7.

［34］王晓辉，夏文婷，贾铁凡. 基于蛛网模型的鸡蛋价格波动研究［J］. 甘肃科技，2013，22（29）：115－121.

［35］伍林川，富源朗. 建立保障农产品价格稳定的预警机制［N］. 中国食品质量报，2007－09－04（0073）.

［36］谢琼. 农产品期货价格季节模型研究与实证分析. 湖南大学硕士论文，2008.

[37] 谢思娜，刘合光，秦富. 主产区与主销区鸡蛋价格传导机制分析 [J]. 中国农业大学学报，2013，18 (1)：229 - 234.

[38] 徐明凡，刘合光. 关于我国鸡蛋价格的预测及分析 [J]. 统计与决策，2014 (6)：104 - 107.

[39] 许世卫，李哲敏，董晓霞，李干琼. 中国农产品在产销间价格传导机制研究 [J]. 资源科学，2010，32 (11)：2092 - 2099.

[40] 杨保庭，期权理论在农业风险管理中的应用 [D]. 2006.

[41] 杨玉凤，李向红，孙剑伟. 盈利期生猪价格预警的重要性 [J]. 今日畜牧兽医，2008 (8)：5 - 6.

[42] 姚霞，彭汉良，朱艳，曹卫星，张卫建. 生鲜农产品价格预测的 ARIMA 时序模型构建与应用 [J]. 农业系统科学与综合研究，2007，23 (1)：89 - 94.

[43] (英) M. P. 柯莱蒙兹，D. F. 韩德瑞，陆懋祖著. 预测经济时间序列 [M]. 北京：北京大学出版社，2008.

[44] 张春飞，李保山. 浠水县发展蛋鸡产业的成功做法与思考 [J]. 湖北畜牧兽医，2011 (5)：20 - 22.

[45] 张树忠等. 农产品期货价格指数与 CPI 关系的实证研究 [J]. 金融研究，2006，11：103 - 116.

[46] 赵瑞莹，杨学成. 农产品价格风险预警模型的建立与应用——基于人工神经网络 [J]. 农业现代化研究，2008，29 (2)：172 - 175.

[47] 赵瑞莹. 农产品市场风险预警研究 [D]. 山东农业大学博士学位论文，2006.

[48] 芝华数据网站. www. china - data. com. cn/.

[49] 中国赴美农业保险考察团. 美国农业保险考察报告 [J].

中国农村经济，2002（1）：68-77.

[50] 钟钰，王艾敏，杨东群等. 蛋鸡市场价格形成、传导与收益分配 [J]. 中国物价，2010（7）：29-33.

[51] 周红，李华. 21世纪以来中国鸡蛋价格波动特征分析 [J]. 北京农学院学报，2012，27（4）：49-52.

[52] 周昫，张建波. 我国农产品价格上涨原因及农业政策分析 [J]. 江西财经大学学报，2008（4）：60-64.

[53] Box，G. and Jenkins，G. 1970. Time series analysis：Forecasting and Control [M]. San Francisco：Holden-Day.

[54] Foote，R. J.，Roy，S. K. and Sadler，G. Quarterly Prediction Models for Live Hog Prices [J]. Southern Journal of Agricultural Economics，1976，8（1）：127-129.

[55] Goodwin，B. K. Forecasting Cattle Prices in the Presence of Structural Change [J]. Southern Journal of Agricultual Economics，1992，24（2）：11-22.

[56] Granger，C. W. J. and P. Newbold，Somecommentson the evaluationof economicfore- casts，Applied Economics，1973，5：35-47.

[57] Ingco，M. D. Econometric and ARIMA Models in Predicting Cattle and an Evaluation [D]. 1983. Michigan State University.

[58] Karbasi，A.，Laskukalayeh，S. S. and Fahimifard，S. M. 2009. Comparison of NNARX，ANN and ARIMA Techniques to Poultry Retail Price Forecasting [J]. International Association of Agricultural Economists，2009 Conference，August 16-22，2009，Beijing，China.

[59] Lee. M. K. An October Prediction of the Detroit November Price for Eggs at the Wholesale Level [D]. Department of Agricultural

Economics. Michigan State University.

[60] Naylor, T. H., Seaks, T. G. and Wichern, D. W. Box - Jenkins Methods: an Alternative to Econometric Models [J]. International Statistical Review/ Revue International de Statistique, 1972, 40 (2): 123 - 137.

[61] Roy, S. K. Prediction of Shell Egg Price - A Shortrun Model [J]. Southern Journal of Agricultural Economics, 1971, 3 (1): 175 - 179.

[62] Saunders P J. Causality of U. S. Agricultural prices and the money supply: further empirical evidence [J]. American Journal of Agricultural Economies, 1988, 70 (3): 588 - 596.

[63] T Haavelmo. The probability approach in econometrics. Econometrica, 1944, 12: 1 - 115.

[64] Thraen, C. S., Thompson, S. R., Gohout, W. Conditional Forecasting for the U. S. Dairy Price Complex with a Bayesian Vector Autoregressive Model [J]. American Agricultural Economics Association, Annualmeeting, 2002, July 28 - 31, Long Beach, CA.

[65] Trostle R. Global Agricultural Supply and Demand: Factors Contributing to the Recent Increase in Food Commodity Prices. 2008, WRS - 0801: Washington, D. C.: Economic Research Service, United States Department of Agriculture. 30.

[66] Y Zheng, H Kinnucan, H Thompson. News and Volatility of Food Prices. Applied Economics, 2008, 40 (13): 1629 - 1635.

[67] Zapata, H. O. and Garcia, P. Price Forecasting with Time - Series Methods and Nonstationary Data: an Application to Monthly U. S. Cattle Prices [J]. Western Journal of Agricultural Economics, 1990, 15 (1): 123 - 132.

后　　记

在本书完稿和即将出版之际，请允许我对成书过程中很多帮助过我的人表示衷心感谢!

本书是北京朝阳区 CBD 博士后青年英才项目的部分成果总结，因此，首先我要感谢国家和相关部门能够发起设立这样支持企业博士后开展理论联系实际的科研项目并提供经费支持，这对于金融能够更好地服务实体经济奠定了很好的基础。感谢朝阳 CBD 创新基地的各位领导和老师在此期间给予的帮助，他们不厌其烦地与我们这些企业博士后进行沟通、交流，具体课题申请指导等，没有他们默默的付出，该项目不可能顺利完成。

感谢大商所农产品事业部王玉飞部长以及我的公司领导王红英、王可、邱江、黄常春、石慧杰等人对我的支持和鼓励。感谢沈阳分公司徐刚总、王国斌、吕东阳、李艳荣等人给予我的无私的帮助!

非常感谢沈阳黑山多家蛋鸡养殖合作社在产业调研、信息收集中给予我的帮助。感谢建国蛋鸡合作社总经理韩建国、红哲蛋鸡合作社总经理刘红哲等养殖和贸易大户对我的帮助，他们的热情相助对我帮助很大，加深了对蛋鸡产业链生态的理解。

衷心感谢我的父母、亲友、妻子，他们给予了我极大的关心、包容和理解，同时给我最强有力的精神支持，使我得以顺利完成课题研究及本书撰写。

此外，我还要特别感谢傅海棠老师能够在百忙之中给我的书作序，傅老师随和质朴，平易近人，实乃难得的良师益友，我从傅老师身上学到了很多做投研应有的态度和方法。

需要感谢的人其实还有很多，在此无法一一列举，都在心里！

最后，感谢生活给予我的一切，感谢这次博士后研究之旅带给我的持续思考与磨炼，使我继续保持着积极探索与思考的习惯，以及一颗对未知世界的好奇之心！敬畏之心！我想这对我来说是一生的财富！而“理论联系实际”、“没有调研就没有发言权”、“永不言败”、“持续努力与超越”成为了我一生坚持的信条！